Andreas Limbacher

Die Anzeigepflicht nach § 78 StPO

Andreas Limbacher

Die Anzeigepflicht nach § 78 StPO

und die strafrechtlichen Folgen einer unterlassenen Anzeige in der Kommunalverwaltung

Lehrbuchverlag

Imprint

Cover image: www.ingimage.com

Publisher:
Der Lehrbuchverlag
is a trademark of
Dodo Books Indian Ocean Ltd., member of the OmniScriptum S.R.L Publishing group
str. A.Russo 15, of. 61, Chisinau-2068, Republic of Moldova Europe
Printed at: see last page
ISBN: 978-620-0-44731-9

Meinem Sohn

Jonathan

INHALTSVERZEICHNIS

Quellenverzeichnis

Literatur

Adamovich/Funk, Allgemeines Verwaltungsrecht, 3. Auflage, Wien 1987 [zit: *Adamovich/Funk,* Verwaltungsrecht³, Seite ...].

Adamovich/Funk/Holzinger/Frank, Österreichisches Staatsrecht: Band 4, Allgemeine Lehren des Verwaltungsrechts, 2. Auflage, Wien 2017 [zit: *Adamovich/Funk/ Holzinger/Frank,* Staatsrecht², Rz ...].

Adamovich/Handler, Staatsanwaltschaften und Kontrolleinrichtungen: Optimierung der Zusammenarbeit als gemeinsames Ziel, in: Österreichischer Städtebund (Hrsg), Umgang mit Strafverfolgungsbehörden, Enquete 2015, Wien 2016 [zit: *Adamovic/Handler* in: Städtebund, Strafverfolgungsbehörden, Seite ...].

Aicher-Hadler, Die strafrechtliche Verantwortlichkeit des Bürgermeisters, RFG 2007/01 [zit: *Aicher-Hadler*, RFG 2007, Seite ...].

Aicher-Hadler, Verantwortlichkeit bei Amtsmissbrauch und Korruption, 3. Auflage, RFG 2013/01 [zit: *Aicher-Hadler*, Verantwortlichkeit³, RFG 2013, Seite ...].

Aichinger, § 302 StGB, in: Leukauf/Steininger StGB (Hrsg), Strafgesetzbuch inkl Update 2018, 4. Auflage, Wien 2019 [zit: *Aichinger* in: Leukauf/Steininger, § 302 StGB, Rz ...].

Antoniolli/Koja, Allgemeines Verwaltungsrecht, 3. Auflage, Wien 1996 [zit: *Antoniolli/Koja,* Verwaltungsrecht³, Seite ...].

Bachner-Foregger, Strafprozessordnung - StPO 1975, 24. Auflage, Wien 2018 [zit: *Bachner-Foregger,* StPO²⁴, Seite ...].

Baumgartner, Gehorsamsprinzip und Weisungsrecht, JAS 2017, 364 [zit: *Baumgartner*, JAS 2017, Seite ...].

Berka, Verfassungsrecht, Grundzüge des österreichischen Verfassungsrechts für das juristische Studium, 7. Auflage, Wien 2018 [zit: *Berka*, Verfassungsrecht⁷, Rz ...].

Bertel, § 302 StGB. Mißbrauch der Amtsgewalt, in: Höpfel/Ratz (Hrsg), Wiener Kommentar zum Strafgesetzbuch – StGB, 2. Auflage (Stand 01.05.2010) [zit: *Bertel* in: Höpfel/Ratz, WK-StGB² (2010), § 302 Rz ...].

Bertel, Grundriss des österreichischen Strafprozessrechts, 2. Auflage, Wien 1984 [zit: *Bertel,* Strafprozessrecht², Rz ...].

Bertel/Schwaighofer, Österreichisches Strafrecht Besonderer Teil II (§§ 169 bis 321k StGB), 13. Auflage, Wien 2018 [zit: *Bertel/Schwaighofer*, BT II¹³, § 302 Rz ...].

Bertel/Venier, Grundriss des österreichischen Strafprozessrechts, 6. Auflage, Wien 2000 [zit: *Bertel/Venier,* Strafprozessrecht⁶, Rz ...].

Bertel/Venier, Kommentar zur StPO, Strafprozessordnung, 1. Auflage, Wien 2012 [zit: *Bertel/Venier*, StPO, § ... Rz ...].

Bertel/Venier/Tipold, Strafprozessrecht, 13. Auflage, Wien 2020 [zit: *Bertel/Venier/Tipold,* Strafprozessrecht¹³, Rz ...].

Birklbauer, Behördenkommunikation und Behördenhandeln zwischen Amtsmissbrauch und Korruption – Ausgewählte Aspekte, RdU 2017, 137 [zit: *Birklbauer*, RdU 2017, Seite ...].

Birklbauer, Die strafrechtliche Anzeigepflicht im Gemeindebereich, RFG 2019, 32 [zit: *Birklbauer*, RFG 2019, Seite ...].

Birklbauer, Straftaten psychisch Erkrankter – Anzeigepflichten für Sanitäter, Pflegepersonen und Ärzte? in: ÖGERN (Hrsg), Psychatrische Notfälle im Spannungsfeld zwischen Freiheit und Sicherheit, Wien 2018, 127 – 140 [zit: *Birklbauer* in: ÖGERN, Anzeigepflichten, Seite ...].

Birklbauer/Stiebellehner, Amtsmissbrauch bei unterlassener Meldung von Straftaten im Rahmen der Privatwirtschaftsverwaltung, JSt 2017, 280 [zit: *Birklbauer/Stiebellehner,* JSt 2017, Seite ...].

Brandstetter M., Die Amtsanzeige. Ausgewählte Probleme der Anzeigepflicht gem § 78 StPO, Linz 2008 [zit: *M. Brandstetter,* Amtsanzeige, Seite ...].

Burgstaller, Anzeigepflicht der Notariatskammern gemäß § 84 StPO?, JBl 1991, 341 [zit: *Burgstaller,* JBl 1991, Seite ...].

Cohen, Amtshaftung bei schlichter Hoheitsverwaltung, JBl 2014/3, 163 [zit: *Cohen*, JBl 2014, Seite ...].

Ebenthaler, Strafbare Handlungen und der Nemo-tenetur-Grundsatz, JSt 2018, 209 [zit: *Ebenthaler*, JSt 2018, Seite ...].

Eckschlager, Rechte und Pflichten der Gemeindevertreter, RFG 2013/03, 1-69 [zit: *Eckschlager*, RFG 2013, Seite].

Fabrizy, StPO Strafprozessordnung (Strafprozessordnung 1975) mit dem neuen Vorverfahren und den wichtigsten Nebengesetzen, 13. Auflage, Wien 2017 [zit: *Fabrizy,* $StPO^{13}$ § ... Rz ...].

Fuchs/Zerbes, Strafrecht Allgemeiner Teil, 10. Auflage, Wien 2018 [zit: *Fuchs/Zerbes*, AT^{10}, Seite ...].

Gallent, Die wechselseitige Hilfeleistung nach Art 22 B-VG, JBl 1970, 291 [zit: *Gallent,* JBl 1970, Seite ...].

Grabenwarter/Holoubek, Verfassungsrecht. Allgemeines Verwaltungsrecht, 4. Auflage, Wien 2019 [zit: *Grabenwarter/Holoubek,* $Verfassungsrecht^4$, Rz ...].

Hinterhofer/Oshidari, System des österreichischen Strafverfahrens, 1. Auflage, Wien 2017 [zit: *Hinterhofer/Oshidari,* Strafverfahren, Rz ...].

Hinterhofer/Rosbaud, Strafrecht Besonderer Teil II, §§ 169 – 321k StGB, 6. Auflage, Wien 2016 [zit: *Hinterhofer/Rosbaud*, BT II^6, § 302 StGB Rz ...].

Hochmayr, Abgabenrechtliche Mitwirkungspflichten und Nemo-tenetur-Grundsatz, ÖJZ 2006, 935 [zit: *Hochmayr*, ÖJZ 2006, Seite ...].

Jehle, Die Anzeigepflicht nach § 84 StPO, Dissertation an der Leopold-Franzens-Universität Innsbruck, 1994 [zit: *Jehle*, Anzeigepflicht, Seite ...].

Jerabek/Reindl-Krauskopf/Ropper/Schroll, § 74 StGB. Andere Begriffsbestimmungen, in: Höpfel/Ratz (Hrsg), Wiener Kommentar zum Strafgesetzbuch – StGB, 2. Auflage (Stand 01.01.2017) [zit: *Jerabek/Reindl-Krauskopf/Ropper/Schroll* in: $WK\text{-}StGB^2$ § 74 Rz ...].

Jerabek/Ropper, § 94 StGB. Imstichlassen eines Verletzten, in: Höpfel/Ratz (Hrsg), WK-StGB § 94, 2. Auflage, Wien 2018 [zit: *Jerabek/Ropper* in: $WK\text{-}StGB^2$ § 94 Rz ...].

Kahl/Weber, Allgemeines Verwaltungsrecht, 7. Auflage, Wien 2019 [zit: *Kahl/Weber,* Verwaltungsrecht[7], Rz ...].

Kienapfel/Höpfel/Kert, Strafrecht Allgemeiner Teil, 15. Auflage, Wien 2016 [zit: *Kienapfel/Höpfel/Kert*, AT[15], Z ... Rz ...].

Kienapfel/Schmoller, Strafrecht Besonderer Teil III, Delikte gegen sonstige Individual- und Gemeinschaftswerte, 2. Auflage, Wien 2009 [zit: *Kienapfel/Schmoller*, BT III[2], § 302 StGB, Rz ...].

Kletecka-Pulker, Die neue Regelung der ärztlichen Anzeigepflicht, RdM 2001, 175 [zit: *Kletecka-Pulker*, Ärztliche Anzeigepflicht, Seite ...].

Koller, § 78 StPO, in: Schmölzer/Mühlbacher (Hrsg), StPO Strafprozessordnung Praktikerkommentar, 1. Auflage, Wien 2013 [zit: *Koller* in: Schmölzer/Mühlbacher, StPO § 78 Rz ...].

Kröschl, § 1 StPO, in: Schmölzer/Mühlbacher (Hrsg), StPO Strafprozessordnung Praktikerkommentar, 1. Auflage, Wien 2013 [zit: *Kröschl* in: Schmölzer/Mühlbacher, StPO § 1 Rz ...].

Kucsko-Stadlmayer, Disziplinarrecht der Beamten, 4. Auflage, Wien 2010 [zit: *Kucsko-Stadlmayer,* Disziplinarrecht[4], Seite ...].

Lehner, Korruption und Amtsmissbrauch, Grundlagen, Definition und Beispiele zu den §§ 302, 304 bis 311 StGB, RZ 2018, 92 [zit: *Lehner*, RZ 2018, Seite ...].

Lenzbauer, Rechtsschutz gegen schlichte Hoheitsverwaltung. Die typenfreie Beschwerde und ihre Verwandten, JAP 2014/2015/2, 20 [zit: *Lenzbauer,* Rechtsschutz, JAP 2014, Seite ...].

Lenzbauer, Schlichte Hoheitsverwaltung, Begriff und Rechtsschutz, Wien 2018 [zit: *Lenzbauer,* Schlichte Hoheitsverwaltung, Seite ...].

Mantler, Anzeigepflicht der LehrerInnen bei Verdacht einer gerichtlich strafbaren Handlung, S&R 2013, 51 [zit: *Mantler,* Anzeigepflicht, Seite ...].

Marek/Jerabek, Korruption und Amtsmissbrauch. Grundlagen, Definitionen und Beispiele zu den §§ 302, 304 bis 311 StGB, sowie weitere praxisrelevante Tatbestände im Korruptionsbereich, 12. Auflage, Wien 2019 [zit: *Marek/Jerabek*, Korruption und Amtsmissbrauch[12], § 302 Rz ...].

Markel, § 1 StPO. Das Strafverfahren, in: Fuchs/Ratz (Hrsg), Wiener Kommentar zur Strafprozessordnung (Stand 01.09.2015) [zit: *Markel* in: Fuchs/Ratz, WK-StPO § 1 Rz ...].

Mayer/Kucsko-Stadlmayer/Stöger, Bundesverfassungsrecht, 11. Auflage, Wien 2015 [zit: *Mayer/Kucsko-Stadlmayer/Stöger,* Bundesverfassungsrecht[11], Rz ...].

Mayerhofer/Salzmann, StPO Strafprozessordnung, Das österreichische Strafrecht Zweiter Teil - §§ 1 bis 209b, 6. Auflage, Wien 2011 [zit: *Mayerhofer/Salzmann,* StPO[6], § ... Rz ...].

Medigovic, Unterlassung der Anzeige nach § 84 StPO – Amtsmissbrauch?, JBl 1992, 420 [zit: *Medigovic*, JBl 1992, Seite ...].

Neger, Amtsmissbrauch, Untreue und Gemeinden. Wird bei der Korruptionsbekämpfung im Gemeindebereich das Kind mit dem Bade ausgeschüttet?, RFG 2017/16, 87 [zit: *Neger*, RFG 2017, Seite ...].

Neger, Kein Amtsmissbrauch durch Nichtabführen von Sozialhilfeumlagen an den Sozialhilfeverband, JSt 2017/46, 479-481 [zit: *Neger*, JSt 2017, Seite ...].

Neger, Tatort Gemeindeamt, Bürgermeister und Kommunalpolitiker als Verbrecher?, RFG 2015/2, 1 [zit: *Neger*, RFG 2015, Seite ...].

Neger/Heissenberger, Der Prüfungsausschuss der Gemeinde im Lichte des § 302 Abs 1 StGB, JSt 2018, 39 [zit: *Neger/Heissenberger*, JSt 2018, Seite ...].

Neuhofer, Gemeinderecht, Organisation und Aufgaben der Gemeinde in Österreich, 2. Auflage, Wien 1998 [zit: *Neuhofer,* Gemeinderecht[2], Seite ...].

Nimmervoll, Das Strafverfahren, Systematische Darstellung für Ausbildung und Praxis, 2. Auflage, Wien 2017 [zit: *Nimmervoll,* Strafverfahren[2], Seite ...].

Nordmeyer, § 302 StGB. Mißbrauch der Amtsgewalt, in: Höpfel/Ratz (Hrsg), Wiener Kommentar zum Strafgesetzbuch – StGB, 2. Auflage (Stand: 01.11.2019) [zit: *Nordmeyer*, in Höpfel/Ratz, WK-StGB[2] (2019), § 302 Rz ...].

Oberlaber, „Den Akt an die StA" – Wie weit geht die Anzeigepflicht des Richters?, RZ 2017, 95 [zit: *Oberlaber*, RZ 2017, Seite ...].

Oberlaber, Der Verdacht; Zum Begriff und Spektrum eines Rechtsbegriffs, ÖJZ 2018, 62-69 [zit: *Oberlaber*, ÖJZ 2018, Seite ...].

Öhlinger, Auskunftsbefugnisse sowie Auskunft- und Verschwiegenheitspflichten der Österreichischen Nationalbank, ÖZW 1991, 65 [zit: *Öhlinger*, ÖZW 1991, Seite ...].

Öner, Wissenswertes zum Missbrauch der Amtsgewalt am Beispiel missbräuchlicher ausgegebener „Parkpickerl", JAP 2017/2018, 78 [zit: *Öner*, JAP 2017/2018, Seite ...].

Oshidari, Diversion bei Missbrauch der Amtsgewalt nach § 302 Abs 1 StGB, JSt 2015, 112 [zit: *Oshidari*, JSt 2015, Seite ...].

Paulitsch/Koukol, Anti-Korruptionsrecht und Compliance-Maßnahmen für Gemeinde-vertreterInnen, RFG 2018 [zit: *Paulitsch/Koukol*, RFG 2018, Seite ...].

Raschauer, Allgemeines Verwaltungsrecht, 5. Auflage, Wien 2016 [zit: *Raschauer*, Verwaltungsrecht^5, Rz ...].

Rass-Schell, Sozialarbeit in der Jugendwohlfahrt - ein Risikoarbeitsfeld. Abgrenzungsfragen im Spannungsfeld zwischen Hilfsangebot und Kontrolle, iFamZ 2011, 115 [zit: *Rass-Schell*, iFamZ 2011, Seite ...].

Ratz, Missbrauch der Amtsgewalt bei Vertrauen auf alsbaldige Rechtsänderung, EvBl 2016/28, 182 [zit: *Ratz*, EvBl 2016/18, Seite ...].

Reindl-Krauskopf, Wiener Juristische Gesellschaft, Gemeinden und Strafrecht, ÖJZ 2012/27, 284 [zit: *Reindl-Krauskopf*, ÖJZ 2012/27, Seite ...].

Reindl-Krauskopf/Huber, Korruptionsstrafrecht in Fällen, Wien 2014 [zit: *Reindl-Krauskopf/Huber*, Korruptionsstrafrecht in Fällen, Seite ...].

Reiter, Das Recht zu schweigen und sich nicht selbst beschuldigen zu müssen gemäß Art 6 EMRK („Nemo tenetur se ipsum accusare"), RZ 2010, 103 [zit: *Reiter*, RZ 2010, Seite ...].

Schallmoser, Zum Schädigungsvorsatz des § 302 StGB nach der Rechtsprechung des OGH, RZ 2016, 210 [zit: *Schallmoser*, RZ 2016, Seite ...].

Schick, Opferschutzrechte als Schutzrechte des Beschuldigten (Teil I), RZ 1994, 208 [zit: *Schick*, RZ 1994, Seite ...].

Schick, Zur Anzeigepflicht der Ärzte, in: Huber/Jesionek/Miklau (Hrsg), Festschrift für Reinhard Moos zum 65. Geburtstag, Wien 1994, 303-312 [zit: *Schick* in: Huber/Jesionek/Miklau, Anzeigepflicht, Seite ...].

Schmitt, in: Preuschl/Wess (Hrsg), Wirtschaftsstrafrecht Praktikerkommentar, Wien 2018 [zit: *Schmitt*, in: Preuschl/Wess, § 302 StGB Rz ...].

Schmoller, Das voluntative Vorsatzelement, ÖJZ 1982, 259 [zit: *Schmoller*, ÖJZ 1982, Seite ...].

Schmoller, Gutachten zur Reichweite der Anzeigepflicht gemäß § 78 Abs 1 StPO sowie des Amtsmissbrauchs gemäß § 302 StGB (Insbesondere bei Verletzung der Anzeigepflicht), Salzburg 2018 [zit: *Schmoller,* Anzeigepflicht und Amtsmissbrauch, Seite ...].

Schopper, Zur Anzeigepflicht der Ärztekammer, RdM 2007/89, 140 [zit: *Schopper,* RdM 2007, Seite ...].

Schroll/Kert, § 198 StPO, Allgemeines, in: Fuchs/Ratz (Hrsg), Wiener Kommentar zur Strafprozessordnung (Stand 01.08.2019) [zit: *Schroll/Kert*, in: Fuchs/Ratz, § 198 StGB Rz ...].

Schwaighofer, § 78 StPO, Anzeigepflicht, in: Fuchs/Ratz (Hrsg), Wiener Kommentar zur Strafprozessordnung (Stand 22.02.2017) [zit: *Schwaighofer,* WK-StPO § 78 Rz ...].

Schwaighofer, § 80 StPO, Anzeige- und Anhalterecht, in: Fuchs/Ratz (Hrsg), Wiener Kommentar zur Strafprozessordnung (Stand 22.02.2017) [zit: *Schwaighofer,* WK-StPO § 80 Rz ...].

Schwaighofer, Zur Anzeigepflicht der Ärztekammer bei Verdacht eines straf- oder disziplinarrechtlich relevanten Verhaltens, ZfG 2018, 140 [zit: *Schwaighofer,* ZfG 2018, Seite ...].

Schwaighofer/Steiner, Die Anzeigepflicht der Ärzte und Rechtsträger von Krankenanstalten, RdM 2000, 45 [zit: *Schwaighofer/Steiner,* RdM 2000, Seite ...].

Seiler R., Der strafrechtliche Schutz der Geheimsphäre, Graz 1960 [zit: *R. Seiler*, Geheimsphäre, Seite ...].

Seiler, Strafprozessrecht, 18. Auflage, Wien 2020 [zit: *Seiler,* StPO[18], Rz ...].

Steininger, Die Amtsdelikte im Strafgesetzbuch, ÖJZ 1980, 477 [zit: *Steininger*, ÖJZ 1980, Seite ...].

Stöger, Strafsachen, Schlicht hoheitliche Zahlungen der Gemeinde an einen Sozialhilfeverband als Amtsgeschäfte?, JBl 2018/3, 196 [zit: *Stöger*, JBl 2018, Seite ...].

Stricker, Missbrauch der Amtsgewalt (§ 302 StGB) – Aktuelle Judikatur des OGH (Senat 17), in: Lewisch (Hrsg), Jahrbuch Wirtschaftsstrafrecht und Organverantwortlichkeit 2014, 97 [zit: *Stricker* in: Lewisch, Missbrauch der Amtsgewalt, Seite ...].

Tipold, § 74 StGB, Andere Begriffsbestimmungen, in: Leukauf/Steininger (Hrsg), StGB (Stand 01.02.2020) [zit: *Tipold*, in: Leukauf/Steininger, § 74 StGB, Rz ...].

Triffterer, Österreichisches Strafrecht Allgemeiner Teil, 2. Auflage, Wien 1994 [zit: *Triffterer*, Strafrecht Allgemeiner Teil[2], Seite ...].

Wehinger, Anzeigepflicht der Kinder- und Jugendhilfe, EF-Z 2013/105, 158 [zit: *Wehinger*, EF-Z 2013, Seite ...].

Wessely, Schlichte Hoheitsverwaltung und Amtsmissbrauch, JBl 2016/5, 341 [zit: *Wessely*, JBl 2016, Seite ...].

Wessely, Zur Anzeigepflicht der Gemeindeaufsichtsbehörden nach § 84 StPO, *ZfV* 1996, 815 [zit: *Wessely*, ZfV 1996, Seite ...].

Wolff, Organschaft und juristische Person. Untersuchungen zur Rechtstheorie und zum öffentlichen Recht, 2. Auflage , Scientia Verlag 1968 [zit: *Wolff*, Organschaft[2], Seite ...].

Zagler, § 302 StGB, in: Triffterer/Rosbaud/Hinterhofer (Hrsg), StGB: Salzburger Kommentar zum StGB, 7. Lieferung, Oktober 2002 [zit: *Zagler* in: Triffterer/Rosbaud/Hinterhofer, § 302 StGB Rz ...].

Zagler, Die Beamtendefinition des StGB, ÖJZ 1994, 713 [zit: *Zagler,* Beamtendefinition, Seite ...].

Zenz, Die Anzeigepflicht von Ärzten, Jugendwohlfahrtseinrichtungen und Schulpädagogen bei Verdacht auf Kindesmisshandlung, Dissertation an der Karl-Franzens-Universität Graz, 2009 [zit: *Zenz,* Anzeigepflicht, Seite ...].

Judikatur

Kassationsgerichtshofurteil, 21.12.1915, KH III 307/15.

LVwG 25.03.2019, 950331/10/MB/JB Linz.

OGH 31.08.1928, 5 Os 221/28.

OGH 16.12.1964, 12 Os 241.

OGH 24.03.1977, 12 Os 15/77.

OGH 18.10.1977, 9 Os 64/77.

OGH 21.12.1978, 13 Os 170/78.

OGH 09.03.1979, 9 Os 67/68.

OGH 20.05.1980, 10 Os 57/80.

OGH 09.12.1980, 10 Os 181/79.

OGH 06.05.1982, 12 Os 24/82.

OGH 10.11.1982, 1 Ob 38/82.

OGH 21.06.1983, 10 Os 67/83.

OGH 15.10.1986, 9 Os 82/86.

OGH 30.09.1987, 9 Os 52/87.

OGH 23.11.1989, 13 Os 123/89.

OGH 27.02.1990, 15 Os 3/90.

OGH 13.06.1990, 13 Os 5/90.

OGH 27.03.1992, 12 Os 153/91.

OGH 12.06.1992, 16 Os 19/92.

OGH 20.04.1994, 9 Ob A68/94.

OGH 22.09.1994, 12 Os 111/94.

OGH 06.03.1996, 13 Os 184/95.

OGH 04.06.1996, 11 Os 44/96.

OGH 14.01.1998, 13 Os 169/97.

OGH 12.03.1998, 15 Os 10/98.

OGH 27.04.1999, 11 Os 176/98.

OGH 14.12.1999, 14 Os 149/99.

OGH 14.03.2000, 11 Os 125/99.

OGH 17.10.2000, 14 Os 74/00.

OGH 29.05.2002, 13 Os 53/02.

OGH 30.04.2003, 13 Os 134/02.

OGH 03.07.2003, 12 Os 106/02.

OGH 17.12.2003, 13 Os 151/03.

OGH 24.06.2005, 1 Ob 49/05w.

OGH 13.12.2005, 11 Os 13/05d = ÖJZ-LSK 2006/82.

OGH 21.09.2006, 12 Os 70/06w.

OGH 19.12.2006, 4 Ob 230/06m.

OGH 28.09.2010, 11 Os 87/10v.

OGH 13.08.2011, 14 Os 66/11d.

OGH 15.12.2011, 13 Os 103/11p.

OGH 02.10.2012, 17 Os 7/12a.

OGH 02.12.2012, 17 Os 8/12y.

OGH 10.12.2012, 17 Os 20/12p.

OGH 27.05.2013, 17 Os 1/13w.

OGH 07.10.2013, 17 Os 9/13x.

OGH 06.03.2014, 17 Os 30/13k.

OGH 06.03.2014, 17 Os 25/13z.

OGH 17.07.2014, 4 Ob 45/14t.

OGH 11.08.2014, 17 Os 27/14w.

OGH 11.08.2014, 17 Os 24/14d.

OGH 11.08.2014, 17 Os 1/14x.

OGH 13.10.2014, 17 Os 7/14d.

OGH 13.10.2014, 17 Os 34/14z.

OGH 24.11.2014, 17 Os 35/14x.

OGH 21.01.2015, 17 Os 47/14m.

OGH 09.04.2015, 17 Os 45/14t.

OGH 14.09.2015, 17 Os 11/15v.

OGH 13.12.2015, 11 Os 13/05d.

OGH 14.12.2015, 17 Os 21/15i.

OGH 14.12.2015, 17 Os 23/15h.

OGH 28.01.2016, 1Ob 258/15w.

OGH 07.03.2016, 17 Os 32/15g.

OGH 06.06.2016, 17 Os 6/46k.

OGH 06.06.2016, 17 Os 34/15a.

OGH 03.10.2016, 17 Os 36/15w.

OGH 12.06.2017, 17 Os 5/17i.

OGH 12.06.2017, 17 Os 28/16w.

OGH 25.09.2017, 17 Os 12/17v.

OGH 19.03.2018, 17 Os 17/17d.

OLG 13.06.2013, 10 Bs 139/13m.

RIS-Justiz RG0000097.

RIS-Justiz RS0131652.

RIS-Justiz RS0071085.

RIS-Justiz RS0089071.

RIS-Justiz RS0130809.

RIS-Justiz RS0049882.

RIS-Justiz RS0091915.

RIS-Justiz RS0120111.

RIS-Justiz RS0130809.

RIS-Justiz RS0097164.

RIS-Justiz RS0109716.

RIS-Justiz RS0119623.

RIS-Justiz RS0070257.

RIS-Justiz RS0097139.

RIS-Justiz RS0053673.

RIS-Justiz RS0120401.

RIS-Justiz RS0130392.

RIS-Justiz RS0102159.

RIS-Justiz RS0097040.

RIS-Justiz RS0108964.

RIS-Justiz RS0104979.

RIS-Justiz RS0096888.

RIS-Justiz RS0096211.

RIS-Justiz RS0105870.

RIS-Justiz RS0130809.

RIS-Justiz RS0130017.

RIS-Justiz RS0089566.

RIS-Justiz RS0089633.

RIS-Justiz RS0096529.

RIS-Justiz RS0096411.

RIS-Justiz RS0116882.

RIS-Justiz RS0124801.

RIS-Justiz RS0120218.

RIS-Justiz RS0127728.

RIS-Justiz RS0098775.

VfGH 12.02.1947, B7/46.

VfGH 20.06.2007, B881/06.

VwGH 16.01.1992, 1991/09/0182.

VwGH 22.09.1995, 93/11/0221.

VwGH 11.10.2006, 2004/12/0021.

VwGH 26.06.2012, 2011/11/0005.

VwGH 24.01.2014, 2013/09/0132.

VwGH 15.04.2016, Ra 2016/02/0028.

Sonstige Quellen

Direktion Inneres und Kommunales (IKD) Oberösterreich, Prüfungsbericht über die Einschau in die Gebarung der Marktgemeinde St. Wolfgang im Salzkammergut, 2013 [zit: Gem-512.106/3-2013-Wit/Neu, Seite ...].

Erläuternde Bemerkungen zur Regierungsvorlage des StPRÄG 1993 – EBRV 924 BlgNR 18, GP [zit: ErläutRV 924 BlgNR 18, GP ...].

Erläuternde Bemerkungen zur Regierungsvorlage des StPRÄG 2004 – EBRV 25 BlgNR 22, GP [zit: ErläutRV 25 BlgNR 22, GP ...].

Erläuternde Bemerkungen zur Regierungsvorlage des StPRÄG 2015 – EBRV 689 BlgNR 25, GP [zit: ErläutRV 689 BlgNR 25, GP ...].

Erläuterungen zum Österreichischen Gemeindebund, https://www.kommunalnet.at/sonstiges/kontakt/eigentuemer/oesterreichischer-gemeindebund.html (abgerufen am 28.08.2020) [zit: Kommunalnet, Österreichischer Gemeindebund, URL].

Justizausschussbericht zum StPRÄG 1993, 1157 BlgStenProtNR 18, GP [zit: JAB 1157 BlgStenProtNR 18, GP ...].

Justizausschussbericht zum StPRÄG 2000, 289 BlgStenProtNR 21, GP [zit: JAB 289 BlgStenProtNR 21, GP ...].

Justizausschussbericht zum StPRÄG 2013, 2457 BlgStenProtNR 24, GP [zit: JAB 2457 BlgStenProtNR 24, GP ...].

Oberösterreichischer Landesrechnungshof, System der Gemeindeaufsicht (Sonderprüfung), 2018 [zit: LRH-140000-4/24-2018-HAM, Rz ...].

Abkürzungsverzeichnis

ABGB	Allgemeines bürgerliches Gesetzbuch, JGS 1811/946
aF	alte Fassung
aM	anderer Meinung
arg	argumentum
Art	Artikel
AuvBZ	Akt unmittelbarer verwaltungsbehördlicher Befehls- und Zwangsgewalt
AVG	Allgemeines Verwaltungsverfahrensgesetz 1991, BGBl 1991/51
ÄrtzeG	Ärztegesetz 1998, BGBl 1998/169
BAO	Bundesabgabenordnung, BGBl 1961/194
BDG	Beamten-Dienstrechtsgesetz 1979, BGBl 1979/333
BGBl	Bundesgesetzblatt
BlgStenProtNR	Beilage(-n) zu den stenografischen Protokollen des Nationalrates
BMJ	Bundesministerium für Justiz
B-KJHG	Bundes-Kinder- und Jugendhilfegesetz
bzw	beziehungsweise
bspw	beispielsweise
B-VG	Bundes-Verfassungsgesetz, BGBl 1930/1
dbzgl	diesbezüglich
dh	das heißt

EF-Z	Zeitschrift für Familien- und Erbrecht
EGMR	Europäischer Gerichtshof für Menschenrechte
EMRK	Europäische Menschenrechtskonvention
ErläutRV	Erläuterungen zur Regierungsvorlage
EvBl	Evidenzblatt der Rechtsmittelentscheidungen in der ÖJZ
gem	gemäß
GP	Gesetzesperiode
hL	herrschende Lehre
hM	herrschende Meinung
Hrsg	Herausgeber
HS	Halbsatz
idF	in der Fassung
idR	in der Regel
idZ	in diesem Zusammenhang
iFamZ	Interdisziplinäre Zeitschrift für Familienrecht
iHv	in Höhe von
inkl	inklusive
insb	insbesondere
iSd	im Sinne der/des/dieser
iSv	im Sinne von
iVm	in Verbindung mit
iZm	in Zusammenhang mit
JAB	Justizausschussbericht

JAP	Juristische Ausbildung & Praxisvorbereitung
JAS	Journal für Arbeitsrecht und Sozialrecht
JBl	Juristische Blätter
JSt	Journal für Strafrecht
KFG	Kraftfahrgesetz 1967, BGBl 1967/267
KH	Kassationsgerichtshof
Kripo	Kriminalpolizei
leg cit	zitierte Gesetzesstelle
lit	litera (Buchstabe)
LGBl	Landesgesetzblatt
LReg	Landesregierung
mE	meines Erachtens
MeldeG	Meldegesetz 1991 BGBl 9/1992
NÖ FG 2015	Niederösterreichisches Feuerwehrgesetz 2015, LGBl 85/2015
OGH	Oberster Gerichtshof
OLG	Oberlandesgericht
Oö FWG 2015	Oberösterreichisches Feuerwehrgesetz 2015, LGBl 104/2014
Oö GemO	Oberösterreichische Gemeindeordnung 1990, LGBl 91/1990
Oö LBG	Oberösterreichisches Landesbeamtengesetz 1993, LBGl 11/1994
Oö LVBG	Oberösterreichisches Landesvertragsbedienstetengesetz 1993, LGBl 10/1994

Os	Strafrechtssenat
ÖGERN	Österreichische Gesellschaft für Ethik und Recht in der Notfall- und Katastrophenmedizin
ÖJZ	Österreichische Juristen Zeitung
ÖJZ-LSK	Leitsatzkartei in der Österreichischen Juristen Zeitung
ÖZW	Österreichische Zeitung für Wirtschaftsrecht
RdM	Recht der Medizin
RdU	Recht der Umwelt
RFG	Recht & Finanzen für Gemeinden
RIS	Rechtsinformationssystem des Bundes
Rsp	Rechtsprechung
Rz	Randziffer
RZ	Österreichische Richterzeitung
SchUG	Schulunterrichtsgesetz, BGBl 1986/472
SMG	Suchtmittelgesetz, BGBl 1997/112
sog	sogenannte
StA	Staatsanwaltschaft
StGB	Strafgesetzbuch, BGBl 1974/60
StPO	Strafprozessordnung 1975, BGBl 1975/631
StPRÄG	Strafprozessrechtsänderungsgesetz
S&R	Zeitschrift für Schule & Recht
ua	unter anderem; und andere
UG	Universitätsgesetz 2002, BGBl 2002/120
üL	überwiegende Lehre

VBG	Vertragsbedienstetengesetz 1948, BGBl 1948/86
vgl	vergleiche
VfGH	Verfassungsgerichtshof
VwGH	Verwaltungsgerichtshof
WK-StGB	Wiener Kommentar zum Strafgesetzbuch
WK-StPO	Wiener Kommentar zur Strafprozessordnung
Z	Ziffer
zB	zum Beispiel
ZfG	Zeitschrift für Gesundheitsrecht
ZfV	Zeitschrift für Verwaltung
zit	zitiert

ABSTRACT

Die vorliegende Arbeit erörtert Umfang und Voraussetzungen der Anzeigeverpflichtung von Behörden und öffentlichen Dienststellen bei Verdacht auf eine innerhalb ihres gesetzmäßigen Wirkungsbereiches vorliegende Straftat nach § 78 StPO. Der Fokus wird dabei besonders auf den Anwendungsbereich der strafprozessualen Norm in der Kommunalverwaltung gerichtet. Ferner wird eine potentielle Strafbarkeit gemäß § 302 StGB (Amtsmissbrauch) untersucht, falls die zur Anzeige verpflichteten Personen ihrer Verpflichtung nicht nachkommen, indem sie es unterlassen, einen festgestellten Verdacht auf eine Straftat bei der Kriminalpolizei bzw der Staatsanwaltschaft anzuzeigen. Das vorrangige Ziel der Arbeit liegt darin, einen Beitrag zur Reduktion von Anwendungsunsicherheiten im Zusammenhang mit der Anzeigepflicht und der damit einhergehenden strafrechtlichen Haftungskomponente zu leisten. Die Arbeit zeigt ua auf, dass § 78 StPO eine eher restriktive Auslegung erfordert; denn die Anzeigepflicht kommt ausschließlich im konkreten, hoheitlichen Wirkungsbereich der jeweiligen Behörde bzw öffentlichen Dienststelle zur Geltung. Dies führt zum Ergebnis, dass in vielen Grenzfällen eine Anzeigepflicht tatsächlich nicht besteht.
Kommt es hingegen zur Begründung einer Anzeigepflicht, so kann sich das zur Anzeige verpflichtete Organ durch das Unterlassen der Anzeige des Amtsmissbrauchs (§ 302 StGB) schuldig machen. Eine mögliche Strafbarkeit kann nur durch die individuelle Beurteilung des konkreten Sachverhalts anhand der Auslegung des § 302 StGB festgestellt werden.

The present work discusses the scope and prerequisites of the notification obligation of authorities and public services in case of suspicion of a criminal offense within their legal sphere of activity according to para 78 of the Code of Criminal Procedure. The focus is particularly on the area of application of the criminal procedural norm in local government. Furthermore, a potential criminal liability according to para 302 of the Criminal Code (abuse of authority) is investigated if the persons obliged to report do not fulfill their duty by failing to report an established suspicion of a criminal offense to the criminal police or the public prosecutor's office. The primary aim of the thesis is to contribute to the reduction of application uncertainties in connection with the duty of disclosure and the associated criminal liability component. This diploma thesis shows, among other things, that para 78 of the Code of Criminal Procedure requires a rather restrictive interpretation; because the obligation to notify only applies in the specific, sovereign sphere of activity of the respective authority or public service. This leads to the result that in many borderline cases there is actually no notification requirement. If, on the other hand, an obligation to notify is established, the body obliged to report can be guilty of failing to report the abuse of office (para 302 of the Criminal Code). A possible criminal liability can only be determined through an individual assessment of the specific facts on the basis of the interpretation of para 302 StGB.

I. Einleitung

A. Themenstellung

Ob eine bestimmte Person eine gerichtlich strafbare Handlung begangen hat, muss in einem Strafverfahren geklärt werden.[1] Das Strafverfahren beginnt, sobald eine Strafverfolgungsbehörde, das ist die Staatsanwaltschaft bzw die Kriminalpolizei, Ermittlungen gegen diese Person aufnimmt.[2] Damit dieser Prozess in Gang gesetzt werden kann, muss die Strafverfolgungsbehörde jedoch Kenntnis von der in Betracht kommenden Straftat erlangen.[3] Diese Information erhält sie vorwiegend durch eine Strafanzeige.[4] Jedermann ist grundsätzlich berechtigt, eine Strafanzeige zu erstatten, wenn ihm eine strafbare Handlung bekannt wird.[5] Behörden oder öffentliche Dienststellen trifft jedoch unter konkreten Voraussetzungen die bundesgesetzliche Pflicht, Anzeige zu erstatten, wenn ihnen der Verdacht einer Straftat zur Kenntnis gelangt.[6] Rechtspolitisch wird die in § 78 StPO geregelte Anzeigepflicht mit dem Grundsatz der Einheit der Vollziehung sowie mit der Durchsetzung des Strafverfolgungsinteresses des Staates gerechtfertigt.[7]

B. Aufgabe und Ziel der Arbeit

Einhergehend mit der näheren Beschäftigung mit § 78 StPO ergeben sich zahlreiche Fragestellungen zum genauen Anwendungsbereich der Norm, welche die Literatur sowie die Rechtsprechung nicht einheitlich beantworten oder sogar zum Teil unbeantwortet lassen.[8] Aufgrund dieser Fragmentarität ist eine einheitliche Anwendung der Vorschrift in der Praxis nicht gänzlich gewährleistet.[9]

Auch auf kommunaler Ebene sind aufgrund dieser Tatsache Unsicherheiten erkennbar. So wurden in jüngerer Vergangenheit Beamte bzw Bedienstete von Gemeinden

---

1 *Seiler*, Strafprozessrecht[17], Rz 1.
2 *Bertel/Venier/Tipold,* Strafprozessrecht[13], 9; *Seiler*, Strafprozessrecht[17], Rz 620; *Hinterhofer/Oshidari,* Strafverfahren, Rz 3.1.; *Bertel/Venier*, StPO, § 1 Rz 1.
3 *Seiler*, Strafprozessrecht[17], Rz 613; *R. Seiler*, Geheimsphäre, 94; *Bertel/Venier*, StPO, § 1 Rz 1.
4 *Nimmervoll*, Das Strafverfahren[2], 60; *Seiler*, Strafprozessrecht[17], Rz 613; *Bertel*, Strafprozessrecht[2], Rz 517.
5 *Schwaighofer*, WK-StPO § 80 Rz 2; *Seiler*, Strafprozessrecht[17], Rz 614; *Bertel/Venier/Tipold,* Strafprozessrecht[13], 110.
6 *Seiler*, Strafprozessrecht[17], Rz 616; *Hinterhofer/Oshidari,* Strafverfahren, Rz 3.1.
7 *Jehle*, Anzeigepflicht, 18; *Fabrizy*, StPO[13] § 78 Rz 1; *Schwaighofer*, WK-StPO § 78 Rz 1; *Koller* in: Schmölzer/Mühlbacher, StPO § 78 Rz 2; *R. Seiler*, Geheimsphäre, 98.
8 *M. Brandstetter,* Amtsanzeige, 2.
9 *M. Brandstetter,* Amtsanzeige, 3.

vermehrt aktiv und erstatteten gemäß § 78 StPO Anzeige bei der Kriminalpolizei bzw Staatsanwaltschaft, um sich insbesondere einer möglichen eigenen Strafbarkeit durch das Unterlassen einer Anzeige zu entziehen.[10] Auch die Gemeindeaufsicht auf Landesebene ist aus diesem Grund verstärkt dazu übergegangen, die Gemeindeorgane (vor allem die Bürgermeister) anzuzeigen.[11] Die vorliegende Arbeit soll einen Beitrag dazu leisten, diese Anwendungsunsicherheiten zu reduzieren, indem Umfang und Voraussetzungen der strafprozessualen Anzeigepflicht untersucht und präzisiert werden. Ferner wird die mögliche strafrechtliche Komponente einer unterlassenen Anzeige erörtert. Die jeweiligen Ergebnisse werden im Kontext konkreter Anwendungsfälle innerhalb der Kommunalverwaltung dargestellt.

C. Gang der Darstellung

Im Grundlagenkapitel erfolgt eine Begriffsdefinition der Anzeige sowie die Abgrenzung der strafprozessualen Anzeigepflicht zu anderen Formen der Anzeige, durch die potentiell strafbare Handlungen den Strafverfolgungsbehörden zur Kenntnis gebracht werden können. Damit die Norm des § 78 StPO nachvollziehbar interpretiert werden kann, ist ein Einblick in die historische Entwicklung der Anzeigepflicht notwendig.[12] Im Anschluss daran wird die Norm inkl der Ausnahmetatbestände im Einzelnen erörtert, wobei ein Fokus auf den Anwendungsbereich in der Kommunalverwaltung gesetzt wird. Daraufhin wird idZ der Tatbestand des Amtsmissbrauchs nach § 302 StGB, vorrangig im Anwendungsgebiet der Kommunalverwaltung, untersucht und unter anderem die Frage behandelt, ob und unter welchen Voraussetzungen durch eine Unterlassung der in § 78 StPO geregelten Anzeigepflicht ein strafbarer Amtsmissbrauch begründet werden kann. Schließlich wird kurz darauf eingegangen, ob eine diversionelle Erledigung in diesem Bereich zulässig erscheint.

---

[10] *Birklbauer*, RFG 2019, 32.
[11] *Birklbauer*, RFG 2019, 32.
[12] *M. Brandstetter*, Amtsanzeige, 10.

II. Grundlagen

A. Begriff der Anzeige

Bei Vorliegen des Verdachts einer Straftat verpflichtet § 78 StPO zur Anzeige. Eine Anzeige ist laut hL und Rsp eine schlichte Wissensäußerung, eine Mitteilung ohne rechtsgestaltende bzw rechtsfeststellende Wirkung.[13] Die Norm verpflichtet also nur dazu, etwas zu melden oder jemanden zu informieren, sobald die Tatbestandsvoraussetzungen verwirklicht sind.[14] Verwaltungsrechtlich wird die Anzeige weder als Bescheid noch als Maßnahme qualifiziert, denn dafür müsste die Anzeige einem Rechtsschutzapparat zugänglich sein.[15] Daraus folgt, dass eine erstattete Anzeige nicht mittels Beschwerde beim Verwaltungsgericht angefochten werden kann.[16] Eine gegen eine Anzeige eingebrachte Beschwerde wäre als unzulässig zurückzuweisen.[17] Andererseits kann durch eine nichterstattete Anzeige niemals „res iudicata“ vorliegen, da eben keine Entscheidung existiert, die in Rechtskraft erwachsen könnte.[18] In welcher Weise die Anzeige erstattet werden muss, regelt § 78 StPO nicht. Es ist möglich sie mündlich, schriftlich, elektronisch oder in allen anderen denkbaren Kommunikationsweisen zu tätigen.[19] Zweckmäßig wäre es bei Vorliegen einer Anzeigeverpflichtung eine nachweisliche Kommunikationsform anzuwenden, da eine unterlassene Anzeige nach § 78 StPO unter Umständen eine strafbare Handlung gemäß § 302 StGB begründen könnte.[20] Die Anzeige ist schließlich keinem Widerruf zugänglich; wurde einem tauglichen Adressaten die Information übermittelt, hat eine Zurücknahme keine rechtliche Wirkung.[21]

B. Abgrenzung von Anzeige- und Meldepflichten und dem Anzeigerecht

1. Anzeige- und Meldepflichten

In der Fülle an Normen in dienstrechtlichen Vorschriften sowie in der österreichischen

---

[13] VfGH 12.02.1947, B7/46; *M. Brandstetter*, Amtsanzeige, 6; *Jehle*, Anzeigepflicht, 19.
[14] *M. Brandstetter*, Amtsanzeige, 5.
[15] *M. Brandstetter*, Amtsanzeige, 6.
[16] *Mayerhofer/Salzmann*, StPO^6, § 78 Rz 13.
[17] *Mayerhofer/Salzmann*, StPO^6, § 78 Rz 15.
[18] *M. Brandstetter*, Amtsanzeige, 6.
[19] *M. Brandstetter*, Amtsanzeige, 8.
[20] *M. Brandstetter*, Amtsanzeige, 8; *Schwaighofer*, WK-StPO § 78 Rz 36; OGH RIS-Justiz RS0120401; vgl OGH 21.01.2015, 17 Os 47/14m.
[21] *M. Brandstetter*, Amtsanzeige, 7.

Rechtsordnung in ihrer Gesamtheit finden sich zahlreiche Anzeige- und Meldepflichten, wobei deren Sinn und Zweck nicht immer in der Verfolgung rein strafrechtlicher Aspekte liegt, sondern sich je nach Rechtsgebiet unterscheidet.[22] Zum Zweck der Sicherung der Besteuerung normiert etwa § 120 BAO, dass Personen dem Finanzamt Umstände anzuzeigen haben, die die persönliche Abgabenpflicht begründen, ändern oder beenden.[23] Vergleichsweise lässt sich der Gedanke des Opferschutzes aus § 54 Abs 4 ÄrzteG ableiten, wonach Ärzte in Ausübung ihres Berufes, bei denen sich der Verdacht auf Vorliegen einer gerichtlich strafbaren Handlung, die sich gegen Leib und Leben richtet, erhärtet, eine Anzeige an die Sicherheitsbehörde zu erstatten haben.[24] Die in dieser Arbeit zu erörternde Anzeigepflicht gemäß § 78 StPO wird vor allem mit der Durchsetzung des staatlichen Strafverfolgungsinteresses begründet und trifft als anzeigepflichtige Adressaten nur Behörden oder öffentliche Dienststellen.[25] Die Norm selbst spricht die handelnden Personen bzw die einzelnen Organwalter der jeweiligen Behörden oder öffentlichen Dienststellen nicht unmittelbar an.[26] Durch diese Einschränkung ist der Anwendungsbereich der Anzeigepflicht nach § 78 StPO enger als in der Praxis oftmals vermutet.[27]

Im Vergleich dazu normiert etwa § 53 Abs 1 BDG bzw § 5b Abs 3 VBG eine Meldepflicht für Beamte bzw Vertragsbedienstete, wenn ihnen der begründete Verdacht einer gerichtlich strafbaren Handlung, die ihren Wirkungsbereich betrifft, bekannt wird. Notwendig sind diese gesetzlichen Meldepflichten vor allem deshalb, damit den Behörden und öffentlichen Dienststellen, also den potentiell anzeigepflichtigen Adressaten nach § 78 StPO, das Substrat für die zu treffende Entscheidung geliefert wird, ob eine Anzeige an die Kriminalpolizei oder an die Staatsanwaltschaft erstattet werden muss oder nicht.[28] Die Abgrenzung zwischen gesetzlichen Meldepflichten und der Anzeigepflicht nach § 78 StPO ist wesentlich. Bei Meldepflichtverletzungen sind idR dienstrechtliche Konsequenzen zu befürchten (zb die Disziplinaranzeige nach § 109 BDG).[29] Eine unterlassene Anzeige nach § 78 StPO kann für die verpflichtete Person eine Verurteilung wegen Amtsmissbrauchs nach § 302 StGB zur Folge haben.[30] Eine

---

22 *M. Brandstetter,* Amtsanzeige, 9.
23 *M. Brandstetter,* Amtsanzeige, 9.
24 *Hinterhofer/Oshidari,* Strafverfahren, Rz 3.9; *R. Seiler*, Geheimsphäre, 97.
25 *Schwaighofer*, WK-StPO § 78 Rz 1; *Paulitsch/Koukol*, RFG 2018, 45.
26 *Birklbauer,* RFG 2019, 33.
27 *Birklbauer,* RFG 2019, 33.
28 *Mayerhofer/Salzmann*, StPO[6], 304; *Schwaighofer*, WK-StPO § 78 Rz 10; *Schwaighofer/Steiner,* Anzeigepflicht der Ärzte, 48; *Marek/Jerabek*, Korruption und Amtsmissbrauch[12], § 302 Rz 35; *Birklbauer* in: ÖGERN, Anzeigepflichten, 129.
29 *Kucsko-Stadlmayer,* Disziplinarrecht[4], 320.
30 *Schwaighofer*, WK-StPO § 78 Rz 36; *Koller* in: Schmölzer/Mühlbacher, StPO § 78 Rz 16.

gesetzliche Meldepflichtverletzung führt zu keiner strafrechtlichen Konsequenz aufgrund von § 78 StPO, da der Anwendungsbereich dieser Norm nicht berührt wird.

Während § 78 StPO die Anzeigepflicht ausschließlich für Behörden oder öffentliche Dienststellen normiert, ist in § 80 Abs 1 StPO ein Anzeigerecht an die Kriminalpolizei bzw an die Staatsanwaltschaft für jedermann verankert.[31] Die Vorschrift richtet sich primär an alle Privatpersonen, jedoch spricht die Norm auch jene Personen an, die nach § 78 StPO zwar prinzipiell anzeigepflichtig sind, aber durch eine Ausnahme gemäß Abs 2 von der Pflichtanzeige befreit sind.[32] Das Anzeigerecht wird begründet, sobald eine Kenntnisnahme von einer strafbaren Handlung erfolgt.[33] Anzeigen, die in gutem Glauben stattfinden, sind immer rechtmäßig.[34] Niemand muss sich vor Konsequenzen fürchten, wenn sich im Strafverfahren herausstellt, dass es zu keiner Verurteilung kommt bzw doch keine strafbare Handlung der angezeigten Person festgestellt wird.[35] Eine Verleumdung gemäß § 297 StGB liegt jedoch vor, wenn wissentlich eine Falschanzeige erstattet und jemand der Gefahr einer behördlichen Verfolgung ausgesetzt wird.[36] Handelt der Täter bei der Falschanzeige zumindest mit bedingtem Vorsatz, kann hingegen der Tatbestand der üblen Nachrede gemäß § 111 StGB erfüllt sein.[37]

Die Möglichkeit, vom Anzeigerecht gemäß § 80 Abs 1 StPO Gebrauch zu machen, bleibt auch den anzeigepflichtigen Personen nach § 78 StPO vorbehalten.[38] Das Anzeigerecht ist speziell in jenen Fällen bedeutsam, bei denen die Adressaten des § 78 StPO unsicher sind, ob in dem zu beurteilenden Fall tatsächlich eine Anzeigepflicht gegeben ist.[39] Überlegungen dbzgl sind deshalb sinnvoll, weil eine unterlassene Anzeige gemäß § 78 StPO unter Umständen den strafbaren Tatbestand des Amtsmissbrauchs nach § 302 StGB erfüllen kann; die Verknüpfung zwischen Anzeigepflicht und Amtsmissbrauch ist also stets zu beachten.[40] Die Alternative zu § 78 StPO, das Anzeigerecht nach § 80 StPO zu nutzen, um damit einer möglichen Strafbarkeit zu entgehen, hat in der Praxis Relevanz.[41]

---

[31] *Hinterhofer/Oshidari*, Strafverfahren, Rz 3.20; *Schwaighofer*, WK-StPO § 80 Rz 2; *Paulitsch/Koukol*, RFG 2018, 45; *Bertel/Venier/Tipold*, Strafprozessrecht[13], 110; *Bertel/Venier*, StPO, § 80 Rz 1.
[32] *Schwaighofer*, WK-StPO § 80 Rz 2.
[33] *Schwaighofer*, WK-StPO § 80 Rz 6.
[34] *Mayerhofer/Salzmann*, StPO[6], § 80 Rz 5.
[35] *Schwaighofer*, WK-StPO § 80 Rz 7; *Fabrizy*, StPO[13] § 80 Rz 1.
[36] *Schwaighofer*, WK-StPO § 80 Rz 8; *Nimmervoll*, Strafverfahren[2], 64; *Bertel/Venier*, StPO, § 80 Rz 1.
[37] *Schwaighofer*, WK-StPO § 80 Rz 9.
[38] *Seiler*, Strafprozessrecht[17], Rz 618; *M. Brandstetter,* Amtsanzeige, 3.
[39] *Mantler,* Anzeigepflicht, 52.
[40] *M. Brandstetter,* Amtsanzeige, 3; *Medigovic*, JBl 1992, 421; *Koller* in: Schmölzer/Mühlbacher, StPO § 78 Rz 16; OGH RIS-Justiz RS0120401.
[41] *Mantler,* Anzeigepflicht, 52.

C. § 78 StPO im Überblick

In der geltenden Fassung lautet § 78 StPO:

„§ 78 (1) Wird einer Behörde oder einer öffentlichen Dienststelle der Verdacht einer Straftat bekannt, die ihren gesetzmäßigen Wirkungsbereich betrifft, so ist sie zur Anzeige an die Kriminalpolizei oder Staatsanwaltschaft verpflichtet.

(2) Eine Pflicht zu Anzeige nach Abs 1 besteht nicht,

1. wenn die Anzeige eine amtliche Tätigkeit beeinträchtigen würde, deren Wirksamkeit eines persönlichen Vertrauensverhältnisses bedarf, oder
2. wenn und solange hinreichende Gründe für die Annahme vorliegen, die Strafbarkeit der Tat werde binnen kurzem durch schadensbereinigende Maßnahmen entfallen.

(3) Die Behörde oder öffentliche Dienststelle hat jedenfalls alles zu unternehmen, was zum Schutz des Opfers oder anderer Personen vor Gefährdung notwendig ist; erforderlichenfalls ist auch in den Fällen des Abs 2 Anzeige zu erstatten."[42]

Der österreichischen Rechtsordnung ist eine allgemeine Anzeigepflicht für jedermann fremd.[43] Um aber das Strafverfolgungsinteresse des Staates durchzusetzen bzw um die Einheit der Vollziehung zu gewährleisten (Offizialprinzip[44]) benötigt der Staat einen Behördenapparat, um diese Aufgaben erfüllen zu können; als solche fungieren die Kriminalpolizei, Staatsanwaltschaft bzw die Gerichte.[45] Mit der Begründung, dass ein begangenes Delikt beim wahren Täter geahndet werden soll und kein Verbrechen ungesühnt bleiben darf, wird durch § 78 StPO allen öffentlichen Behörden und Dienststellen als verlängerter Arm des Staates die Pflicht auferlegt, die ihnen zur Kenntnis gelangten strafbaren Handlungen bei den Strafverfolgungsbehörden anzuzeigen.[46] Einschränkend ergibt sich aus § 78 StPO jedoch, dass nur diejenigen Delikte anzeigepflichtig sind, von denen im Tätigkeitsfeld des gesetzmäßigen Wirkungsbereiches, dh im Zuge der amtlichen Zuständigkeit der Behörde oder öffentlichen Dienststelle, Kenntnis erlangt wurde.[47] Hinter dieser Einschränkung steht die Absicht, dass „Spitzeldienste" im Sinne einer generellen Suche nach möglichen

---

42 StPO 1975 BGBl 1975/631 idF BGBl I 2019/111.
43 *Nimmervoll*, Strafverfahren², 60; *Birklbauer*, RFG 2019, 32.
44 § 2 StPO normiert das Prinzip der amtswegigen Verfolgung; *Bachner-Foregger*, StPO²⁴, 29.
45 *Schwaighofer*, WK-StPO § 78 Rz 1; *Fabrizy*, StPO¹³ § 78 Rz 1.
46 OGH RIS-Justiz RS0097164; *Koller* in: Schmölzer/Mühlbacher, StPO § 78 Rz 2; *Schwaighofer*, WK-StPO § 78 Rz 1; *Birklbauer* in: ÖGERN, Anzeigepflichten, 128.
47 *Wessely*, ZfV 1996, 821; *Birklbauer*, RFG 2019, 33.

Straftaten anderer Personen in einem demokratischen Rechtsstaat möglichst vermieden werden sollen.[48] Ein solcher Zuträgerdienst wäre „für ein liberales Rechtsverständnis per se problematisch“, deshalb ist § 78 StPO in seiner Gesamtheit eher restriktiv zu interpretieren.[49]

D. Historische Aspekte der strafprozessualen Anzeigepflicht

1. Historische Entwicklung

Aus der Rechtsgeschichte ergeben sich erste Anhaltspunkte für eine Anzeigepflicht im ersten österreichischen Strafgesetz (Constitutio Criminalis Theresiana) von Maria Theresia aus dem Jahr 1768.[50] Dem Rechtsinstitut der Pflichtanzeige wurde bereits in den damaligen Inquisitionsverfahren[51] ein hoher Stellenwert zugesprochen, denn damit war eine effektive Verbrechenserforschung gewährleistet.[52] Eine Neuordnung der StPO erfolgte im Jahr 1788 durch Kaiser Joseph II. Es folgte das Strafgesetzbuch 1803, die provisorische StPO 1850 bzw die StPO 1853. Während der Zeit des Konstitutionalismus wurde in der StPO 1873 in § 84 die Amtsanzeige neu geregelt und erfuhr bis zum Jahr 1975 keine umfängliche Änderung.[53]

2. Jüngere Entwicklung

a) 1975 bis zum Strafprozessrechtsänderungsgesetz 1993

Die Anzeigepflicht gemäß § 84 StPO vom 31.12.1975[54] war bis zum StPRÄG 1993 streng gestaltet; denn im Unterschied zur aktuell geltenden Anzeigepflicht waren weder Ausnahmen normiert noch gab es Einschränkungen bezogen auf den Wirkungsbereich der Behörden und Dienststellen; zudem sprach das Gesetz noch von *„öffentlichen Behörden und Ämtern“*.[55] Die Uneingeschränktheit der Anzeigepflicht wurde zunehmend als problematisch angesehen.[56] Aus den Gesetzesmaterialien zum StPRÄG 1993 ist zu

---

48 *Birklbauer*, RFG 2019, 33.
49 *Burgstaller*, JBl 1991, 342; *Schwaighofer*, WK-StPO § 78 Rz 1.
50 *M. Brandstetter*, Amtsanzeige, 11.
51 Ankläger und Richter bildeten eine Personalunion.
52 *M. Brandstetter*, Amtsanzeige, 12.
53 Näher dazu *M. Brandstetter*, Amtsanzeige, 11 ff.
54 StPO 1975 BGBl 1975/631.
55 *Zenz*, Anzeigepflicht, 68.
56 *M. Brandstetter*, Amtsanzeige, 20.

entnehmen, dass die kritische Hinterfragung der damals geltenden strengen Anzeigepflicht deshalb besondere Brisanz besaß, weil die Rsp eine Verletzung der Anzeigepflicht dem Grunde nach einhellig als Amtsmissbrauch gemäß § 302 StGB beurteilte.[57]

Mit der Novelle 1993 erfolgte eine wesentliche Änderung bzw Aufweichung der Amtsanzeige.[58] Als einschlägige Neuerung wurden mit dem StPRÄG 1993 erstmals Ausnahmen von der Anzeigeverpflichtung eingeführt, die hauptsächlich den Grundgedanken des Opferschutzes folgten.[59] Das Wort *„Ämter"* wurde durch die Wortwendung *„öffentliche Dienststellen"* ersetzt und die *„öffentlichen Behörden"* wurden schlicht als *„Behörden"* bezeichnet. Diese beiden Begriffsanpassungen sollten jedoch den Kreis der Normadressaten keinesfalls verändern.[60] Als essentielle Neuerung wurde schließlich der Umfang der Anzeigepflicht ausdrücklich auf den *„gesetzmäßigen"* Wirkungsbereich der Behörde oder öffentlichen Dienststelle beschränkt.[61]

b) Strafprozessnovelle 2000

Die Strafprozessnovelle 2000 war geprägt von einer Stärkung des Opferschutzes (insbesondere im Bereich des sexuellen Missbrauchs Minderjähriger und im Bereich der Kindesmisshandlungen).[62] Durch den neu eingefügten § 84 Abs 2a StPO, dessen Inhalt auch in der aktuellen Fassung gemäß § 78 Abs 3 StPO in Geltung steht, wurde geregelt, dass die Behörde oder öffentliche Dienststelle jedenfalls alles zu unternehmen hat, was zum Schutz des Opfers notwendig ist. Wenn es unerlässlich erscheint, einen ausreichenden Opferschutz zu gewährleisten, ist daher trotzdem Anzeige zu erstatten, auch wenn einer der Ausnahmegründe gemäß Abs 2 vorliegen würde.[63] Der Gesetzgeber normierte mit der Beifügung des Abs 2a somit eine Ausnahme von der Ausnahme.[64]

c) Strafprozessrechtsänderungsgesetz 2004

Mit dem StPRÄG 2004 erfolgte eine Umstrukturierung der StPO. Die Anzeigepflicht

---

[57] ErläutRV 924 BlgNR 18, GP, 20.
[58] *M. Brandstetter,* Amtsanzeige, 19.
[59] *Zenz*, Anzeigepflicht, 68; *M. Brandstetter,* Amtsanzeige, 19.
[60] ErläutRV 25 BlgNR 22, GP, 112; *Schwaighofer*, WK-StPO § 78 Rz 3.
[61] ErläutRV 25 BlgNR 22, GP, 112; *M. Brandstetter,* Amtsanzeige, 19.
[62] JAB 289 BlgStenProtNR 21, GP 3.
[63] *Schwaighofer*, WK-StPO § 78 Rz 21; *Zenz*, Anzeigepflicht, 71.
[64] *Zenz*, Anzeigepflicht, 71.

befindet sich seitdem nicht mehr im Abschnitt vom Beginn des Ermittlungsverfahrens, sondern sie gliedert sich nach den Vorschriften der Amts- und Rechtshilfe sowie der Akteneinsicht ein.[65] Die Paragrafenzuordnung änderte sich von § 84 StPO zu § 78 StPO. Die Bestimmung des Abs 2a wurde legistisch als eigener Abs 3 gereiht, nachdem der frühere Abs 3 als entbehrlich entfallen ist. Anstelle des Begriffs *„strafbare Handlung“* wird der Begriff *„Straftat“* verwendet und die Anzeigen sind nunmehr an die Kriminalpolizei bzw an die Staatsanwaltschaft zu richten (früher an die Staatsanwaltschaft oder an die Sicherheitsbehörde).[66] Eine inhaltliche Änderung wurde mit dem StPRÄG 2004 aber nicht beabsichtigt. Der Gesetzgeber stellt in den Materialien klar, dass die vorher geltende Rechtslage vollinhaltlich übernommen werden sollte.[67] Deshalb wird ua die Literatur und Judikatur zum § 84 StPO aF auch in der vorliegenden Arbeit verwendet.[68]

---

65 *Zenz*, Anzeigepflicht, 73; *M. Brandstetter*, Amtsanzeige, 22.
66 Siehe näher ErläutRV 25 BlgNR 22, GP 112.
67 ErläutRV 25 BlgNR 22, GP 112; ErläutRV 924 BlgNR 18, GP, 20; *M. Brandstetter*, Amtsanzeige, 22.
68 Vgl *Schwaighofer*, WK-StPO § 78 Rz 3; vgl *Zenz*, Anzeigepflicht, 73.

III. Die Anzeigepflicht gemäß § 78 StPO im Einzelnen

A. Adressatenkreis

1. Allgemeines

Die tauglichen Adressaten der Anzeigepflicht sind zweigeteilt: § 78 StPO bestimmt einerseits die zur Anzeige verpflichteten Personen; andererseits legt die Norm mit der Nennung von Kriminalpolizei und der Staatsanwaltschaft jene Personen fest, die zur Entgegennahme der entsprechenden Information angewiesen sind.[69] Behörden und öffentliche Dienststellen sind die zur Anzeige verpflichteten Normadressaten, jedoch ist eine Legaldefinition dieser beiden Begriffe aus § 78 StPO nicht zu entnehmen, weshalb diese einer Interpretation zugeführt werden müssen.[70] Die hL unterscheidet zwischen einer Behörde und öffentlichen Dienststelle und ordnet die Begriffe unter zwei Zielgruppen.[71]

2. Die Behörde

a) Behördenbegriff

Der Begriff der Behörde (sowie der Begriff der öffentlichen Dienststelle) leitet sich grundsätzlich aus dem Verfassungs- und dem allgemeinen Verwaltungsrecht ab.[72] Nach hL und Rsp werden Behörden definiert als „Organe des Bundes, der Länder, Bezirke und Gemeinden, die nach außen hin mit entscheidender und verfügender Gewalt („imperium") ausgestattet, dauernd organisiert sind und innerhalb eines sachlich und örtlich festgesetzten Wirkungskreises die staatlichen Aufgaben der Verwaltung oder Rechtsprechung erfüllen".[73] Ausschlaggebend für die Behördeneigenschaft ist die ihr

---

69 *M. Brandstetter,* Amtsanzeige, 40.

70 *M. Brandstetter,* Amtsanzeige, 40.

71 *Schwaighofer*, WK-StPO § 78 Rz 4; *Koller* in: Schmölzer/Mühlbacher, StPO § 78 Rz 3; *M. Brandstetter,* Amtsanzeige, 56; *Wehinger,* EF-Z 2013, 158.

72 *Nimmervoll*, Strafverfahren², 61; *M. Brandstetter*, Amtsanzeige, 57.

73 *Schwaighofer*, WK-StPO § 78 Rz 4; *Fabrizy*, StPO¹³ § 78 Rz 2; *Burgstaller*, JBl 1991, 342; *Koller* in: Schmölzer/Mühlbacher, StPO § 78 Rz 3; *Raschauer*, Verwaltungsrecht⁵, Rz 12; *Kahl/Weber,* Verwaltungsrecht⁷, 243; *Adamovich/Funk/Holzinger/Frank,* Staatsrecht: Band 4², Rz 46.013, 49.003; *Öhlinger,* ÖZW 1991, 67; 21.12.1915, KH III 307/15; OGH 31.08.1928, 5 Os 221/28; *Schwaighofer/Steiner,* Anzeigepflicht der Ärzte, 45; *Schwaighofer,* ZfG 2018, 141; *Wehinger,* EF-Z 2013, 158; *Mayerhofer/Salzmann,* StPO⁶, § 78 Rz 7, *Paulitsch/Koukol*, RFG 2018, 45; *Bachner-Foregger,* StPO²⁴, 124.

von staatlicher Seite verliehene Befehls- und Zwangsgewalt; diese äußert sich durch die Erlassung von Beschlüssen, Urteilen oder Bescheiden sowie durch die Ausübung von Akten unmittelbarer verwaltungsbehördlicher Befehls- und Zwangsgewalt.[74] Die angeführte Behördendefinition wird von der hM grundsätzlich aus dem Urteil SSt 8/105 bzw aus dem ähnlich lautenden Kassationsgerichtshofurteil KH 4273 aus dem Jahr 1915 abgeleitet.[75] Als Behörden iSd § 84 StPO aF sind laut den Ausführungen der Gerichte stets Organe der Staats-, Landes-, Bezirks- und der Gemeindeverwaltung zu verstehen; eine Erstreckung des Behördenbegriffes auf Tätigkeiten außerhalb der Staats- sowie der Gemeindeverwaltung wäre begründungsbedürftig.[76] Das Urteil KH 4273 schränkt den Adressatenkreis prinzipiell auf die Rechtsträger von Bund, Länder, Bezirke und Gemeinden ein.[77] Damit von einer Behörde gesprochen werden kann, prüft der Kassationsgerichtshof die materiellen Voraussetzungen der Einrichtung (Inhalt der Tätigkeit der Behörde, geregelt durch Verordnung oder Gesetz) sowie die formellen Voraussetzungen der Einrichtung (Stellung der Behörde im Verwaltungsapparat nach außen hin).[78] Zufolge dem Urteil müssen beide Kriterien erfüllt sein, diese werden in der Entscheidung jedoch nicht näher definiert.[79] Jedenfalls aber muss das Organ bei seiner Tätigkeit nach außen hin entscheidend und verfügend tätig werden, damit der Behördenbegriff verwirklicht ist.[80] Aufgrund dieser Anforderung vertritt die hL die Ansicht, dass eine Behörde dann gegeben ist, wenn sie im Rahmen der Hoheitsverwaltung („imperium") handelt.[81]

Anlehnend an KH 4273 sowie an das spätere Urteil SSt 8/105 legt die hL den Behördenbegriff zur Erfüllung der Staatsverwaltung organisatorisch aus, dh eine reine funktionelle Zuordnung reicht nicht aus.[82] Der organisatorische Behördenbegriff ist insbesondere bei den Bundesministerien, Landesregierungen, Bezirksverwaltungsbehörden, bei den Abgaben- und Finanzstrafbehörden, Landespolizeidirektionen, Asylbehörden, bei den Schulbehörden und bei den Gerichten sowie bei den Staatsanwaltschaften verwirklicht.[83] Auch Körperschaften des öffentlichen Rechts fallen,

[74] *Adamovich/Funk,* Verwaltungsrecht³, 320; *Schwaighofer*, WK-StPO § 78 Rz 4; *Koller* in: Schmölzer/Mühlbacher, StPO § 78 Rz 3.
[75] *Burgstaller,* JBl 1991, 343; *Schwaighofer*, WK-StPO § 78 Rz 3; *M. Brandstetter,* Amtsanzeige, 57.
[76] KH 4273; ebenso *M. Brandstetter*, Amtsanzeige, 58.
[77] KH 4273; ebenso *M. Brandstetter*, Amtsanzeige, 61.
[78] KH 4273; ebenso *M. Brandstetter*, Amtsanzeige, 61.
[79] KH 4273; ebenso *M. Brandstetter*, Amtsanzeige, 61.
[80] KH 4273; ebenso *M. Brandstetter*, Amtsanzeige, 62.
[81] *Schwaighofer*, WK-StPO § 78 Rz 3; *Koller* in: Schmölzer/Mühlbacher, StPO § 78 Rz 4; *Fabrizy*, StPO¹³ § 78 Rz 2; *Nimmervoll*, Strafverfahren², 61; *Birklbauer* in: ÖGERN, Anzeigepflichten, 129.
[82] *M. Brandstetter,* Amtsanzeige, 64; *Burgstaller,* JBl 1991, 344; *Hinterhofer/Oshidari,* Strafverfahren, Rz 3.3.
[83] *Schwaighofer*, WK-StPO § 78 Rz 4; *Koller* in: Schmölzer/Mühlbacher, StPO § 78 Rz 5.

soweit sie vom Materiengesetzgeber mit hoheitlichen Befugnissen („imperium") bekleidet sind, unter den Begriff einer Behörde und somit unter die Anzeigepflicht gemäß § 78 StPO, wie etwa die Sozial- und Pensionsversicherungsanstalten, die öffentlichen Schulen und die Universitäten sowie die gesetzlichen Interessensvertretungen (zB Ärztekammer und Rechtsanwaltskammer).[84]

Bedient sich der Staat privatrechtlicher Rechtsformen und ausgelagerter Körperschaften (Art 17 bzw Art 116a Abs 2 B-VG[85]), um wirtschaftliche Geschäfte abzuwickeln (sog selbstständige Wirtschaftskörper), liegt bei Ausführung dieser Tätigkeiten jedenfalls keine Behördeneigenschaft vor; denn die Funktion ist wirtschaftlich und organisatorisch von der staatlichen Verwaltung losgelöst und es handelt sich nicht mehr um eine Verwaltung im engeren Sinn.[86] Selbstständige Wirtschaftskörper werden unabhängig davon, ob das vom Staat eingesetzte Unternehmen selbst Rechtspersönlichkeit besitzt oder die Bediensteten des Betriebs in einem Dienstverhältnis zur Gebietskörperschaft stehen, anerkannt.[87] Deswegen üben selbstständige Wirtschaftskörper, wie zB die ÖBB, der ORF, die Telekom Austria AG oder die Post AG keine hoheitlichen Tätigkeiten aus und fallen folglich auch nicht unter den Anwendungsbereich des § 78 StPO.[88] Behördeneigenschaft liegt ebenso nicht vor, wenn privaten Unternehmen oder Vereinen bestimmte hoheitliche Aufgaben übertragen werden (Beleihung), wie etwa die Ermächtigung zur wiederkehrenden Überprüfung von Kraftfahrzeugen gemäß § 57a Abs 2 KFG[89] („Pickerl") und zwar selbst dann nicht, wenn diesen privaten Personen aufgrund der behördlichen Bestellung Beamtenstatus bei der Wahrnehmung dieser Tätigkeit im Sinne des § 74 Z 4 StGB zukommt.[90]

Zusammenfassend zählen zu den einschlägigen Adressaten der Anzeigepflicht die Organe der Gebietskörperschaften des Bundes, des Landes und der Gemeinden sowie die Körperschaften des öffentlichen Rechts, sofern deren Organe Aufgaben der staatlichen Verwaltung oder der Rechtsprechung erfüllen.[91] *Burgstaller* hat in seiner Untersuchung zur Anzeigepflicht idZ eindrucksvoll nachgewiesen, dass sich der Anwendungsbereich des § 78 StPO entstehungsgeschichtlich nur auf die engeren

---

84 *Schwaighofer,* WK-StPO § 78 Rz 4; *Hinterhofer/Oshidari,* Strafverfahren, Rz 3.3; OGH 24.03.1977, 12 Os 15/77; OGH RIS-Justiz RS0091915; *Schopper,* RdM 2007, 141; *M. Brandstetter,* Amtsanzeige, 104.
85 Bundes-Verfassungsgesetz BGBl 1930/1 idF BGBl I 2019/57.
86 *Schwaighofer,* WK-StPO § 78 Rz 8; *Raschauer,* Verwaltungsrecht[5], Rz 718; *Zenz,* Anzeigepflicht, 76; vgl OGH 21.06.1983, 10 Os 67/83; OGH 20.05.1980, 10 Os 57/80.
87 *Schwaighofer/Steiner,* Anzeigepflicht der Ärzte, 47.
88 *Koller* in: Schmölzer/Mühlbacher, StPO § 78 Rz 9; *Schwaighofer,* WK-StPO § 78 Rz 8.
89 Kraftfahrgesetz BGBl 1967/267 idF BGBl I 2019/19.
90 *Schwaighofer,* WK-StPO § 78 Rz 9; *Koller* in: Schmölzer/Mühlbacher, StPO § 78 Rz 10; *Hinterhofer/Oshidari,* Strafverfahren, Rz 3.4; *Zagler,* Beamtendefinition, 723.
91 *M. Brandstetter,* Amtsanzeige, 104.

Organe der Gebietskörperschaften erstreckt und im Ergebnis die Notariatskammer nicht unter die Anzeigepflicht fällt.[92] *Öhlinger* schloss sich der Meinung *Burgstallers* an, als er eine mögliche Anzeigepflicht der österreichischen Nationalbank verneinte.[93]

b) Kommunale Behörden

aa) Behörde, Organ und Organwalter

Nach Art 116 Abs 1 B-VG ist die Gemeinde eine Gebietskörperschaft mit dem Recht auf Selbstverwaltung. Sie ist eine rechtsfähige juristische Person (Körperschaft) des öffentlichen Rechts.[94] Damit jedoch das juristische Gebilde selbst handlungsfähig ist, bedarf es einer Zurechnungsregel, die das Handeln von Menschen zum Handeln einer juristischen Person erklärt.[95] Diese Zurechnungsregel muss im Organisationsrecht juristischer Personen enthalten sein.[96] Ein Organ ist das organisatorische „Bündel an Zuständigkeiten" einer juristischen Person.[97] Mit dem Akt der Bestellung einer natürlichen Person zum Organwalter wird das Bündel an Zuständigkeiten zur individuellen Aufgabe dieser Person (Organfunktion).[98] Wird von einer Behörde gesprochen, fallen darunter jene Organe, die ihre Aufgaben mit „imperium" erfüllen, denen also hoheitliche Befugnisse zukommen (zB die Erlassung von Verordnungen und Bescheiden oder die Setzung von Akten unmittelbarer Befehls- und Zwangsgewalt).[99] Der Begriff der Behörde ist somit stets eine Teilmenge des Begriffs „Organ".[100] Die Ermächtigung des Organs, „imperium" einzusetzen, ergibt sich aus den materiell-rechtlichen Verwaltungsvorschriften.[101] Dabei genügt bereits die Kompetenz, Hoheitsakte zu setzen, ohne diese zwingend anwenden zu müssen.[102]

---

[92] Dazu ausführlich *Burgstaller,* JBl 1991, 341 ff.

[93] Dazu ausführlich *Öhlinger,* ÖZW 1991, 65 ff.

[94] *Mayer/Kucsko-Stadlmayer/Stöger,* Bundesverfassungsrecht^{11}, Rz 863.

[95] *Raschauer,* Verwaltungsrecht^{5}, Rz 96; *Grabenwarter/Holoubek,* Verfassungsrecht^{4}, Rz 828; *Eckschlager*, RFG 2013, 15.

[96] *Raschauer,* Verwaltungsrecht^{5}, Rz 96.

[97] *Raschauer,* Verwaltungsrecht^{5}, Rz 97; *Wolff,* Organschaft^{2}, 229; *Adamovich/Funk,* Verwaltungsrecht^{3}, 320; *Neuhofer,* Gemeinderecht^{2}, 136.

[98] *Raschauer,* Verwaltungsrecht^{5}, Rz 100; *Grabenwarter/Holoubek,* Verfassungsrecht^{4}, Rz 828; *Neuhofer,* Gemeinderecht^{2}, 136; *Antoniolli/Koja,* Verwaltungsrecht^{3}, 308.

[99] *Mayer/Kucsko-Stadlmayer/Stöger,* Bundesverfassungsrecht^{11}, Rz 549.

[100] *Raschauer,* Verwaltungsrecht^{5}, Rz 138.

[101] *Raschauer,* Verwaltungsrecht^{5}, Rz 138.

[102] *Antoniolli/Koja,* Verwaltungsrecht^{3}, 308; *Grabenwarter/Holoubek,* Verfassungsrecht^{4}, Rz 835.

bb) Bürgermeister

Unmittelbar aus Art 117 Abs 1 B-VG ergibt sich, dass ein Bürgermeister als Organ einer Gemeinde jedenfalls vorzusehen ist.[103] Diesem monokratischen Organ sind eine Vielzahl von Agenden im eigenen und übertragenen Wirkungsbereich der Gemeinde zugeordnet; zudem kann es hoheitlich tätig werden (idR durch die Erlassung von Bescheiden).[104] Der Bürgermeister ist als Behörde (zB in Bauangelegenheiten erster Instanz) somit ein tauglicher Adressat der Anzeigepflicht gemäß § 78 StPO.[105]

cc) Gemeindevorstand

Der Gemeindevorstand (in Städten als Stadtrat und in Statutarstädten als Stadtsenat bezeichnet) ist ebenfalls als notwendiges Gemeindeorgan gemäß Art 117 Abs 1 B-VG bestimmt.[106] Es handelt sich um ein Kollegialorgan, das nach Maßgabe der Mandatsstärkeverteilung der politischen Parteien von den Gemeinderatsmitgliedern gewählt wird.[107] Der Gemeindevorstand übernimmt grundsätzlich die Antragstellung und Vorberatung der Verhandlungsgegenstände des Gemeinderates und entscheidet in wesentlichen Angelegenheiten der kommunalen Wirtschaftsverwaltung.[108] Der Gemeindevorstand wird in den gesetzlich determinierten Fällen behördlich tätig.[109] Daher kommt dieses Gemeindeorgan als tauglicher Adressat der Anzeigepflicht gemäß § 78 StPO in Frage.[110]

dd) Gemeinderat

Die höchste sachlich in Betracht kommende Oberbehörde einer Gemeinde ist nach Art 117 Abs 1 B-VG der Gemeinderat.[111] Sämtliche Gemeindeorgane sind diesem

---

103 *Berka,* Verfassungsrecht[7], Rz 782; *Neuhofer,* Gemeinderecht[2], 140.

104 *Mayer/Kucsko-Stadlmayer/Stöger,* Bundesverfassungsrecht[11], Rz 875; *Kahl/Weber,* Verwaltungsrecht[7], 323; *Grabenwarter/Holoubek,* Verfassungsrecht[4], Rz 915; *Berka,* Verfassungsrecht[7], Rz 782; *Eckschlager*, RFG 2013, 15; *Neuhofer,* Gemeinderecht[2], 163.

105 *Schwaighofer*, WK-StPO § 78 Rz 4; OGH 31.12.2005, 11 Os 13/05d; *Raschauer,* Verwaltungsrecht[5], Rz 324; *Koller* in: Schmölzer/Mühlbacher, StPO § 78 Rz 5; *M. Brandstetter,* Amtsanzeige, 114; *Paulitsch/Koukol*, RFG 2018, 46.

106 *Grabenwarter/Holoubek,* Verfassungsrecht[4], Rz 914; *Neuhofer,* Gemeinderecht[2], 144.

107 *Neuhofer,* Gemeinderecht[2], 144.

108 *Mayer/Kucsko-Stadlmayer/Stöger,* Bundesverfassungsrecht[11], Rz 872; *Berka,* Verfassungsrecht[7], Rz 785; *Kahl/Weber,* Verwaltungsrecht[7], 322; *Eckschlager*, RFG 2013, 14.

109 *Raschauer,* Verwaltungsrecht[5], Rz 323; *Eckschlager*, RFG 2013, 15.

110 LRH-140000-4/24-2018-HAM, 88.4.

111 *Raschauer,* Verwaltungsrecht[5], Rz 322; *Kahl/Weber,* Verwaltungsrecht[7], 320; *Grabenwarter/Holoubek,* Verfassungsrecht[4], Rz 912; *Eckschlager*, RFG 2013, 16.

kollegialen Verwaltungsorgan als oberstem weisungsberechtigten Organ der Gemeinde (im eigenen Wirkungsbereich) verantwortlich.[112] Dem Gemeinderat, der von den im Gemeindegebiet wohnenden wahlberechtigten Personen gewählt wird, obliegen hoheitliche behördliche Aufgaben, wie insbesondere die Erlassung von Flächenwidmungsplänen, ortspolizeilichen Verordnungen, Abgabenausschreibungen sowie der Beschluss des Gemeindebudgetvoranschlags und des Rechnungsabschlusses.[113] In seiner Funktion als Behörde ist der Gemeinderat jedenfalls möglicher Adressat der strafrechtlichen Anzeigepflicht.[114]

ee) Andere Gemeindeorgane

Die länderspezifischen Gemeindeordnungen und Stadtstatute sehen zusätzlich zu den von der Bundesverfassung vorgesehenen Mindestorganen einer Gemeinde noch weitere Gemeindeorgane vor.[115] Genannt seien hier bspw entscheidungsbefugte Gemeinderatsausschüsse sowie Orts- und Bezirksvorsteher.[116] Wird diese Gruppe von Organen nach den verwaltungsrechtlichen Vorschriften entscheidend bzw verfügend im Hoheitsbereich tätig (ua durch die Erlassung von Bescheiden und Verordnungen), agieren sie behördlich und unterfallen als anzeigepflichtiges Rechtssubjekt dem Adressatenkreis des § 78 StPO.

ff) Kommunalaufsicht

Bei der Erfüllung der Aufgaben einer Gemeinde soll sichergestellt werden, dass Gesetze sowie Verordnungen nicht missachtet werden und dass die Kommunen das Prinzip der Sparsamkeit, der Wirtschaftlichkeit und der Zweckmäßigkeit einhalten.[117] Um dies zu gewährleisten, verpflichtet Art 119a Abs 1 B-VG den Bund sowie das Land dazu, das hoheitliche Aufsichtsrecht gegenüber den Gemeinden auszuüben.[118] Die Landesregierung (Landeshauptmann) bzw die Bezirksverwaltungsbehörde (Bezirkshauptmann) wird als Behörde tätig, wenn sie ihre verfassungsrechtlich normierte

---

112 *Mayer/Kucsko-Stadlmayer/Stöger,* Bundesverfassungsrecht[11], Rz 871; *Eckschlager*, RFG 2013, 22.

113 *Berka,* Verfassungsrecht[7], Rz 782; *Raschauer,* Verwaltungsrecht[5], Rz 322; *Mayer/Kucsko-Stadlmayer/Stöger,* Bundesverfassungsrecht[11], Rz 871; *Kahl/Weber,* Verwaltungsrecht[7], 321.

114 *Koller* in: Schmölzer/Mühlbacher, StPO § 78 Rz 5.

115 *Raschauer,* Verwaltungsrecht[5], Rz 321; *Neuhofer,* Gemeinderecht[2], 144.

116 *Raschauer,* Verwaltungsrecht[5], Rz 321; *Neuhofer,* Gemeinderecht[2], 144.

117 *Berka,* Verfassungsrecht[7], Rz 797.

118 *Kahl/Weber,* Verwaltungsrecht[7], 333; *Grabenwarter/Holoubek,* Verfassungsrecht[4], Rz 873; *Neuhofer,* Gemeinderecht[2], 327.

Aufsichtspflicht gegenüber den Gemeinden erfüllt.[119] Gemäß § 99 der Oö GemO ist bspw die Landesregierung als Aufsichtsbehörde oberösterreichischer Gemeinden berufen; die Landesregierung kann jedoch im Interesse der Zweckmäßigkeit, Raschheit, Einfachheit und der Kostenersparnis die Bezirkshauptmannschaften dazu ermächtigen, dieses Aufsichtsrecht auszuüben.[120] Die jeweilige Aufsichtsbehörde unterfällt zweifellos als möglicher Adressat der Anzeigepflicht gemäß § 78 StPO.[121]

3. Die öffentliche Dienststelle

a) Begriff der öffentlichen Dienststelle

Der Schwerpunkt beim Dienststellenbegriff liegt grundsätzlich bei institutionellen Gesichtspunkten.[122] Öffentliche Dienststellen werden im allgemeinen Verwaltungsrecht oft als Hilfsorgane oder beigegebener Geschäftsapparat bezeichnet, in dem Organe bzw Behörden die ihr obliegenden Geschäfte ausführen.[123] In Abgrenzung zum Behördenbegriff werden die öffentlichen Dienststellen laut hL wie folgt ausgelegt: „Öffentliche Dienststellen sind sonstige auf Dauer eingerichtete, rechtlich geregelte Stellen zur Durchführung von öffentlichen Aufgaben, die kein „imperium“ besitzen“.[124] Nach *Burgstaller* nehmen die öffentlichen Dienststellen nur eine subsidiäre Stellung gegenüber den Behörden ein.[125] Er begründet seine Ansicht damit, dass alle Dienststellen mit Hoheitsgewalt generell als Behörden zu klassifizieren sind.[126] *Bertel* subsumiert unter öffentliche Dienststellen nur die Dienststellen der Gebietskörperschaften und der von ihnen errichteten Anstalten und Selbstverwaltungskörper.[127] Nach *Jehle* sind öffentliche Dienststellen planmäßig rechtlich geregelte und unabhängige Stellen, denen konkrete öffentliche Aufgaben obliegen, jedoch mit der Voraussetzung, dass diese Aufgaben dem Bund, dem Land oder einer Gemeinde zugewiesen sind.[128] Werden Dienststellen einer

---

[119] *Wessely*, ZfV 1996, 821; *Kahl/Weber,* Verwaltungsrecht[7], 333.
[120] Oö GemO 1990, LGBl 1990/91 idF LGBl 2019/41; vgl *Wessely*, ZfV 1996, 822.
[121] *Wessely*, ZfV 1996, 822.
[122] *M. Brandstetter,* Amtsanzeige, 86; *Zenz,* Anzeigepflicht, 75; *Adamovich/Funk,* Verwaltungsrecht[3], 321; *Antoniolli/Koja*, Verwaltungsrecht[3], 332.
[123] *Raschauer*, Verwaltungsrecht[5], Rz 134; *Grabenwarter/Holoubek*, Verfassungsrecht[4], Rz 838.
[124] *Schwaighofer*, WK-StPO § 78 Rz 5; *Burgstaller,* JBl 1991, 342; *Hinterhofer/Oshidari,* Strafverfahren, Rz 3.4; *M. Brandstetter,* Amtsanzeige, 87; *Koller* in: Schmölzer/Mühlbacher, StPO § 78 Rz 6; *Öhlinger*, ÖZW 1991, 67.
[125] *Burgstaller,* JBl 1991, 343.
[126] *Burgstaller,* JBl 1991, 343; vgl *Adamovich/Funk,* Verwaltungsrecht[3], 321.
[127] *Bertel*, Strafprozessrecht[2], Rz 347, 348, 349; *Bertel/Venier*, Strafprozessrecht[6], Rz 545.
[128] *Jehle*, Anzeigepflicht, 23.

Gebietskörperschaft oder einem Gemeindeverband zugeordnet und sind sie von staatlicher Seite mit hoheitlichen Aufgaben betraut, sind diese Dienststellen vom Adressatenkreis des § 78 StPO erfasst.[129] Zu den öffentlichen Dienststellen zählen unter anderem etwa die Gemeindewachkörper, Polizeiinspektionen und Polizeikommanden sowie Ethikkommissionen, die durch die Krankenanstaltengesetze der Länder eingerichtet wurden.[130] Öffentliche Dienststellen, die der Legislative zuzuordnen sind, fallen nicht unter den Anwendungsbereich des § 78 StPO, weil diese Organisationen keine öffentliche Verwaltung ausüben, wie bspw der Rechnungshof und die Landesrechnungshöfe.[131] Dasselbe gilt für die gesetzgebenden Institutionen, wie Nationalrat, Bundesrat und die jeweiligen Landtage der Bundesländer.[132]

b) Kommunale Dienststellen

aa) Gemeindeamt

Zur Erledigung der Aufgaben und Besorgung der kommunalen Verwaltungs- und Geschäftsaufgaben müssen für die Organe einer Gemeinde Gemeindeämter zur Verfügung stehen.[133] Diese Einrichtungen sind gemäß Art 117 Abs 4 B-VG gesetzlich auf Dauer eingerichtet und erfüllen öffentliche Aufgaben, jedoch verfügen diese Institutionen an sich über kein „imperium".[134] Das Hilfsorgan Gemeindeamt ist eine einschlägige Einrichtung iSd Begriffs einer öffentlichen Dienststelle und daher Adressat der Anzeigepflicht nach § 78 StPO.[135]

bb) Marktgemeindeamt, Stadtamt und Magistrat

In Marktgemeinden wird das Gemeindeamt begrifflich als „Marktgemeindeamt", in Städten als „Stadtamt" bezeichnet, ohne inhaltliche Unterschiede zu den Aufgaben einer einfachen Gemeinde nach Art 117 B-VG.[136] Alle Ämter haben sohin dieselbe

---

[129] *Zenz,* Anzeigepflicht, 76.
[130] *Burgstaller,* JBl 1991, 342; *Schwaighofer,* WK-StPO § 78 Rz 5; *Hinterhofer/Oshidari,* Strafverfahren[1], Rz 3.4.
[131] *Schwaighofer,* WK-StPO § 78 Rz 5; *Hinterhofer/Oshidari,* Strafverfahren, Rz 3.4.
[132] *Hinterhofer/Oshidari,* Strafverfahren, Rz 3.4.
[133] *Raschauer,* Verwaltungsrecht[5], Rz 325; *Berka,* Verfassungsrecht[7], Rz 782; *Mayer/Kucsko-Stadlmayer/Stöger,* Bundesverfassungsrecht[11], Rz 874.
[134] Vgl *Schwaighofer,* WK-StPO § 78 Rz 5; *Koller* in: Schmölzer/Mühlbacher, StPO § 78 Rz 6; *Neuhofer,* Gemeinderecht[2], 166.
[135] Vgl *Raschauer,* Verwaltungsrecht[5], Rz 134.
[136] Etwa § 37 Abs 4 Oö Gemeindeordnung LGBl 1990/91 idF LGBl 2019/16.

verfassungsrechtliche Stellung.[137] Die Aufgaben von Städten, die über ein eigenes Stadtrecht (Stadtstatut) verfügen, werden durch den Magistrat besorgt.[138] Der Unterschied zum Gemeinde-, Marktgemeinde- bzw Stadtamt ist, dass der Magistrat als Hilfsorgan der Behörde nicht nur die Aufgaben der Kommunalverwaltung zu erfüllen hat, sondern ihm ferner auch die Agenden der Bezirksverwaltungsbehörde zugewiesen sind.[139] Die Stadt Wien genießt darüber hinaus insofern eine Sonderstellung, als sie gleichzeitig Ortsgemeinde und Bundesland in einem ist.[140] Das Marktgemeinde- und Stadtamt sowie der Magistrat sind öffentliche Dienststellen iSd § 78 StPO und daher taugliche Adressaten der Anzeigepflicht.

cc) Gemeindeverbände

Wenn einzelne Gemeinden die ihnen zugewiesenen öffentlichen Aufgaben gemeinsam erfüllen wollen, können sogenannte Gemeindeverbände gegründet werden.[141] Bei Gemeindeverbänden handelt es sich um Körperschaften des öffentlichen Rechts (jedoch um keine Gebietskörperschaften).[142] Diese sind verfassungsrechtlich in Art 116a B-VG verankert, wobei der Landesgesetzgeber in Gemeindeverbandsgesetzen die Einzelheiten zu regeln hat.[143] Diese Normen sehen für Verbände idR eine Verbandsversammlung mit einem kollegialen Organ vor, gebildet aus Vertretern der einzelnen Gemeinden sowie einem Verbandsobmann als monokratisches Organ.[144] Der Verbandsobmann hat das AVG anzuwenden und erlässt Bescheide in Hoheitsform.[145] Die jeweiligen Verbandstätigkeiten der einzelnen Organe der Gemeinden sind immer dem Gemeindeverband als eigenen Rechtsträger zuzurechnen.[146] Klassische Gemeindeverbände sind in der Praxis Staatsbürgerschafts- und Personenverbände, Sozialhilfe- oder Abfallverbände.[147] Den staatlichen Behörden gegenüber haben Gemeindeverbände dieselbe Stellung wie Gemeinden, dh die Kommunalaufsicht ist

---

137 *Kahl/Weber,* Verwaltungsrecht[7], 312.
138 *Neuhofer,* Gemeinderecht[2], 119.
139 *Kahl/Weber,* Verwaltungsrecht[7], 312; *Neuhofer,* Gemeinderecht[2], 119, 121.
140 *Kahl/Weber,* Verwaltungsrecht[7], 312; *Berka,* Verfassungsrecht[7], Rz 804 f; *Neuhofer,* Gemeinderecht[2], 127f.
141 *Berka,* Verfassungsrecht[7], Rz 801; *Kahl/Weber,* Verwaltungsrecht[7], 314, 325.
142 VwGH 11.10.2006, 2004/12/0021.
143 *Berka,* Verfassungsrecht[7], Rz 801; *Marek/Jerabek,* Korruption und Amtsmissbrauch[12], § 302 Rz 2; *Grabenwarter/Holoubek,* Verfassungsrecht[4], Rz 910/2; *Neuhofer,* Gemeinderecht[2], 70.
144 *Raschauer,* Verwaltungsrecht[5], Rz 344; *Kahl/Weber,* Verwaltungsrecht[7], 325.
145 *Raschauer,* Verwaltungsrecht[5], Rz 344.
146 *Raschauer,* Verwaltungsrecht[5], Rz 344.
147 *Mayer/Kucsko-Stadlmayer/Stöger,* Bundesverfassungsrecht[11], Rz 898.

auch zur Kontrolle der Verbände verpflichtet.[148] Als Körperschaften des öffentlichen Rechts, mit der Aufgabe hoheitliche (Gemeinde)Verwaltungsaufgaben abzuwickeln, kommen Gemeindeverbände als Adressaten der Anzeigepflicht in Betracht, da sie mE den Begriff einer öffentlichen Dienststelle nach § 78 StPO erfüllen.

dd) Sonstige öffentliche Dienststellen

Zur Wahrnehmung staatlicher Aufgaben können gemäß Art 120a B-VG durch Gesetz sogenannte „sonstige Selbstverwaltungskörper" gebildet werden.[149] Prinzipiell fallen darunter jedenfalls die gesetzlichen beruflichen Interessensvertretungen (Wirtschaftskammer, Arbeiterkammer, Ärztekammer, Rechtsanwaltskammer, ua), aber auch sämtliche Sozialversicherungsträger und die öffentlichen Feuerwehren. Diese Organisationen sind rechtlich als Körperschaften des öffentlichen Rechts einzustufen, deren Organe aus ihren Mitgliedern nach demokratischen Grundsätzen gebildet werden müssen (Art 120c B-VG). Nach hL zählen zu den Behörden oder öffentlichen Dienststellen nach § 78 StPO die Sozial- und Pensionsversicherungsanstalten, die Agrarmarkt Austria und sämtliche gesetzliche Interessensvertretungen, sofern sie mit hoheitlichen Aufgaben betraut sind.[150] Der Kommunalverwaltung sind verfassungsrechtlich ua die hoheitlichen Agenden der örtlichen Feuerpolizei gemäß Art 118 B-VG zugewiesen. Ein wesentlicher Teil dieser Aufgaben wird von Freiwilligen Feuerwehren vollzogen. Der OGH qualifiziert die Freiwillige Feuerwehr als Verwaltungsstelle der Gemeinde, die bei ihren Aufgaben (Brandverhütung, Brandbekämpfung) hoheitlich tätig wird.[151] Der Feuerwehrkommandant sowie die Mitglieder des Feuerwehrkommandos sind idR nur befugt, Bescheide zu erlassen, die ihre eigene Organisation betreffen.[152] Jedoch ist der Kommandant als Hilfsorgan des Bürgermeisters dazu legitimiert, in den gesetzlich determinierten Fällen außenwirksame Bescheide zu erlassen.[153] Daher sind mE wohl auch die Freiwilligen Feuerwehren sowie die jeweiligen gesetzlich eingerichteten Landesfeuerwehrverbände bzw deren Organe unter den Begriff einer Behörde oder öffentlichen Dienststelle nach § 78 StPO zu subsumieren. Nicht als Behörde oder öffentliche Dienststelle gilt hingegen der

---

148 *Mayer/Kucsko-Stadlmayer/Stöger,* Bundesverfassungsrecht[11], Rz 898; *Raschauer,* Verwaltungsrecht[5], Rz 346.
149 *Raschauer,* Verwaltungsrecht[5], Rz 347.
150 *Schwaighofer,* WK-StPO § 78 Rz 7; *Schmölzer/Mühlbacher,* StPO § 78 Rz 7; *Hinterhofer/Oshidari,* Strafverfahren, Rz 3.3.
151 OGH 20.04.1994, 9 Ob A68/94.
152 Etwa § 17, § 23, § 31 Oö FWG 2015 idF LGBl 2018/26.
153 Etwa § 4 Abs 5 NÖ FG 2015 idF LGBl 2019/42.

Bundesfeuerwehrverband, der nach dem Vereinsgesetz organisiert ist und somit eine Körperschaft des privaten Rechts darstellt.

ee) Österreichischer Gemeindebund/Städtebund

Der österreichische Gemeindebund sowie der österreichische Städtebund sind seit dem Jahr 1988 verfassungsrechtlich gemäß Art 115 Abs 3 B-VG dazu berufen, die Interessen der Gemeinden zu vertreten.[154] Sie sind jedoch keine Körperschaften des öffentlichen Rechts, vielmehr sind sie vereinsmäßig organisiert und unterfallen daher als juristische Personen dem privaten Recht.[155] Diese beiden Interessensvertretungen der Gemeinden vollziehen nicht unmittelbar Aufgaben der staatlichen Verwaltung, sondern sie beraten die einzelnen Gemeinden in allen kommunalen Anliegen mit dem Ziel, die Selbstverwaltung und die wirtschaftliche Zukunft aller Kommunen in Österreich zu sichern.[156] Nach den Gesetzesmaterialien soll die strafrechtliche Anzeigepflicht der Verpflichtung zur Leistung von Amtshilfe entsprechen (Art 22 B-VG), dh sie muss mit einer der drei Arten von Gebietskörperschaften (Bund, Land, Gemeinde) in organisatorischer Beziehung stehen.[157] Bei Körperschaften des privaten Rechts, wie etwa dem Gemeinde- oder Städtebund, ist dies nach hA nicht der Fall; deshalb fallen diese Institutionen nicht in den Anwendungsbereich des § 78 StPO.[158]

4. Unmittelbar anzeigepflichtige Personen (interner Ablauf)

a) Bei Behörden

§ 78 StPO verpflichtet Behörden zur Erstattung der Anzeige an die Kriminalpolizei oder an die Staatsanwaltschaft. Nicht die natürliche Person bzw der Organwalter selbst wird vom Gesetz verpflichtet, sondern die dahinterstehende Behörde bzw Körperschaft.[159] Tritt jedoch der zuständige Organwalter in „Behördenfunktion" auf, trifft diese Person die unmittelbare Anzeigeverpflichtung nach § 78 StPO.[160] In Verwaltungssachen bspw, in denen dem Bürgermeister gemäß den jeweiligen Materiengesetzen behördliche

---

[154] *Neuhofer,* Gemeinderecht^2, 580.
[155] *Berka,* Verfassungsrecht^7, Rz 803; *Neuhofer,* Gemeinderecht^2, 578.
[156] Kommunalnet, Österreichischer Gemeindebund, https://www.kommunalnet.at/sonstiges/kontakt/eigentuemer/oesterreichischer-gemeindebund.html (abgerufen am 28.08.2020).
[157] ErläutRV 924 BlgNR 18, GP, 20.
[158] Vgl *Schwaighofer,* WK-StPO § 78 Rz 6; *Fabrizy,* StPO^{13}, § 78 StPO Rz 3.
[159] *M. Brandstetter,* Amtsanzeige, 41; *Schwaighofer,* WK-StPO § 78 Rz 10; *Birklbauer* in: ÖGERN, Anzeigepflichten, 129.
[160] Vgl OGH 31.12.2005, 11 Os 13/05d; ÖJZ-LSK 2006/82.

Funktionen zuerkannt werden (zB im Bauwesen, Meldewesen, Veranstaltungswesen, ...), ist der Bürgermeister bei Ausübung der jeweiligen behördlichen Funktion als anzeigepflichtige Person gemäß § 78 StPO verpflichtet.[161] Auch der Gemeinderat (bzw der Gemeindevorstand) erfüllt in den gesetzlich determinierten Fällen behördliche Aufgaben.[162] Deshalb kommen die Gemeinderatsmitglieder (bzw die Gemeindevorstandsmitglieder) bei Ausübung ihrer behördlichen Funktionen als anzeigepflichtige Personen in Betracht.[163] Der von der Landesregierung ernannte Bezirkshauptmann nimmt seine Behördenfunktion als monokratisches Organ wahr (Bezirksverwaltungsbehörde).[164] Erklärt eine Rechtsnorm den Bezirkshauptmann für eine hoheitliche Verwaltungssache als zuständig, kommt er im Umfang dieser Verwaltungsmaterie als unmittelbare anzeigepflichtige Person nach § 78 StPO in Betracht.

Zu beachten ist, dass Personen mit behördlichen Funktionen gleichzeitig auch Leiter von öffentlichen Dienststellen sein können (zB Bezirkshauptmann, Bürgermeister).[165] Als letztverantwortliche Personen von öffentlichen Dienststellen können diese Organwalter ebenso anzeigepflichtig werden.[166]

b) Bei öffentlichen Dienststellen

Die öffentliche Dienststelle wird vom Dienststellenleiter repräsentiert, welcher unmittelbar aufgrund § 78 StPO Anzeige zu erstatten hat.[167] § 45 Abs 3 BDG normiert etwa, dass der Leiter einer Dienststelle in Ausübung seines Dienstes Anzeige gemäß § 78 StPO zu erstatten hat, wenn ihm *„der begründete Verdacht einer von Amts wegen zu verfolgenden gerichtlichen strafbaren Handlung bekannt wird, die den Wirkungsbereich der von ihm geleiteten Dienststelle betrifft,* (...)".[168] Die Dienststellenleiter haben demnach die Letztverantwortung für die strafrechtliche Anzeigeerstattung bzw deren Unterlassung.[169] § 278 BDG umschreibt Dienststellen als *„Behörden, Ämter und andere Verwaltungsstellen sowie die Anstalten und Betriebe des Bundes, die nach ihrem organisatorischen Aufbau eine verwaltungs- oder betriebstechnische Einheit darstellen*". Leiter einer Dienststelle sind idZ bspw der

---

[161] Siehe zB § 13 Abs 1 MeldeG; § 55 Abs 1 Oö BauO; § 16 Abs 4 lit a Salzburger Veranstaltungsgesetz.
[162] Siehe zB § 33 Oö. Raumordnungsgesetz; § 46 Oö. Gemeindehaushaltsordnung.
[163] Vgl LRH-140000-4/24-2018-HAM, 88.4.
[164] *Adamovich/Funk,* Verwaltungsrecht³, 343.
[165] Siehe § 2 Abs 1 Bezirkshauptmannschaften-Gesetz Salzburg LGBl 1976/59 idF LGBl 2013/106; § 51 Abs 5 Salzburger Gemeindeordnung 2019 LGBL 2020/9 idF LGBl 2020/99.
[166] *Schwaighofer,* WK-StPO § 78 Rz 10.
[167] *Schwaighofer,* WK-StPO § 78 Rz 10; *M. Brandstetter,* Amtsanzeige, 45.
[168] Beamten-Dienstrechtsgesetz BGBl 1979/333 idF BGBl I 2019/58.
[169] *Schwaighofer,* WK-StPO § 78 Rz 10; *Koller* in: Schmölzer/Mühlbacher, StPO § 78 Rz 11.

Bezirkshauptmann[170] sowie der Landesamtsdirektor[171]. In den Bundesministerien ist idR der Präsidialsektionsleiter der Dienststellenleiter; der Bundesminister selbst ist aufgrund der ihm fehlenden dienstrechtlichen Beamtenstellung kein Dienststellenleiter.[172] Ein Schuldirektor hingegen leitet eine öffentliche Dienststelle.[173] Leiter einer öffentlichen Dienststelle und somit anzeigepflichtig ist in den einfachen Kommunen der Gemeindeamtsleiter.[174] Der Bürgermeister ist Dienstvorgesetzter aller Bediensteten in einer Gemeinde.[175] Als Letztverantwortlicher kommt mE der Bürgermeister, neben dem Amtsleiter, als anzeigepflichtige Person gemäß § 78 StPO in Betracht. Ruht die Funktion des Amtsleiters, weil der Bürgermeister dessen Funktion ausübt, ist der Bürgermeister alleiniger Adressat nach § 78 StPO.[176] Städte, für die ein eigenes Stadtrecht gilt, verfügen über eine besondere gesetzliche Organisationsstruktur. In diesen Statutarstädten ist der jeweilige Magistratsdirektor für die Leitung des inneren Dienstes vorgesehen und demzufolge auch für die unmittelbare Anzeigeerstattung gemäß § 78 StPO zuständig.[177] § 45 Abs 2 BDG kennt ebenfalls Dienststellenteile, die eine gewisse organisatorische Eigenständigkeit aufweisen. Es ergibt sich jedoch aus § 45 Abs 3 BDG, dass nur der Dienststellenleiter, nicht aber der Leiter eines Dienststellenteils anzeigepflichtig ist.[178] Die einzelnen Beamten der Dienststellenteile unterliegen daher nicht der unmittelbaren Anzeigepflicht.[179] Die bspw in Gemeindeabteilungen tätigen Bauamtsleiter oder Kassenamtsleiter fallen demzufolge nicht unter die anzeigepflichtigen Personen, da sie nicht Leiter einer Dienststelle sind.[180] Diese Personen sind idR auch nicht befugt anstelle des Amtsleiters unmittelbar Anzeige an die Polizei oder an die Staatsanwaltschaft zu erstatten, dies würde vielmehr ein disziplinarrechtlich zu ahndendes Verhalten darstellen.[181]

5. Mittelbar anzeigepflichtige Personen (interner Ablauf)

---

170 Siehe § 2 Abs 1 Bezirkshauptmannschaften-Gesetz Salzburg LGBl 1976/59 idF LGBl 2013/106.
171 Siehe Art 54 Abs 1 Oö Landes-Verfassungsgesetz LGBl 1991/122 idF LGBl 2019/39.
172 *Schwaighofer,* WK-StPO § 78 Rz 10.
173 *Mantler,* Anzeigepflicht, 52; *Schwaighofer,* WK-StPO § 78 Rz 10.
174 Siehe § 37 Abs 1 Oö Gemeindeordnung 1990 LGBl 1990/91 idF LGBl 2019/16; § 51 Abs 2 Salzburger Gemeindeordnung 2019 LGBL 2020/9 idF LGBl 2020/99.
175 Siehe § 51 Abs 1 Salzburger Gemeindeordnung 2019 LGBL 2020/9 idF LGBl 2020/99; § 82 Abs 1 Oö Gemeinde Dienstrechts- und Gehaltsgesetz 2002 LGBl 2002/52 idF LGBl 2020/127.
176 Siehe § 51 Abs 5 Salzburger Gemeindeordnung 2019 LGBL 2020/9 idF LGBl 2020/99.
177 Siehe § 31 Abs 2 Salzburger Stadtrecht LGBl 1966/47 idF LGBl 2018/82 und § 37 Abs 2 Statut für die Stadt Wels 1992 LGBl 1992/8 idF 2018/91 sowie § 67 Abs 2 Wiener Stadtverfassung LGBl 1968/28 idF LGBl 2018/25.
178 *Schwaighofer,* WK-StPO § 78 Rz 10.
179 *Schwaighofer,* WK-StPO § 78 Rz 10.
180 Vgl *Kucsko-Stadlmayer,* Disziplinarrecht[4], 254.
181 VwGH 16.01.1992, 1991/09/0182; *Schwaighofer,* WK-StPO § 78 Rz 10; *M. Brandstetter,* Amtsanzeige, 41; *Kucsko-Stadlmayer,* Disziplinarrecht[4], 320.

Wird nicht dem Amtsleiter selbst, sondern etwa nur dem einzelnen Beamten einer öffentlichen Dienststelle *„der begründete Verdacht einer von Amts wegen zu verfolgenden gerichtlichen strafbaren Handlung bekannt, die den Wirkungsbereich der Dienststelle betrifft, der er angehört, so hat er dies unverzüglich dem Leiter der Dienststelle zu melden"*.[182] Diese Meldepflicht des einzelnen Beamten entspricht somit weitgehend jener der Anzeigepflicht des Leiters einer Dienststelle nach § 45 Abs 3 BDG.[183] Interne gesetzliche Meldeverpflichtungen sind deshalb notwendig, damit die repräsentierenden Personen für die Ausübung ihrer Anzeigeverpflichtung nach § 78 StPO die notwendigen Informationen erhalten; denn idR findet der unmittelbare Parteienverkehr, bei dem die strafrechtlich relevanten Informationen erlangt werden, nicht auf der höchsten Ebene der öffentlichen Dienststelle statt.[184] Neben dem BDG enthalten auch die jeweiligen Gemeinde- und Landesbeamtengesetze sowie die Vertragsbedienstetengesetze des Bundes und der Länder entsprechende Meldepflichten.[185] Nur dem Behördenleiter selbst obliegt schließlich die Entscheidung einer unmittelbaren Anzeige oder Nichtanzeige nach § 78 StPO.[186]

Bei Unzumutbarkeit ist ausnahmsweise auch der einzelne Beamte, obwohl dieser nicht Dienststellenleiter ist, zur unmittelbaren Meldung an die Dienstaufsichtsbehörde (die ihrerseits nach § 78 StPO vorzugehen hat)[187] berechtigt bzw verpflichtet.[188] Unzumutbarkeit liegt nach einer Entscheidung des VwGH jedenfalls dann vor, wenn der zu meldende Verdacht einer Straftat an den Leiter einer öffentlichen Dienststelle zu richten wäre, die inkriminierte Handlung aber vermutlich durch den Leiter dieser Dienststelle unmittelbar selbst begangen wurde.[189]

B. Verdacht einer Straftat

1. Straftat

---

[182] Siehe § 54 Abs 1 BDG.
[183] *Kucsko-Stadlmayer,* Disziplinarrecht[4], 320.
[184] *Schwaighofer,* WK-StPO § 78 Rz 10; *M. Brandstetter,* Amtsanzeige, 41.
[185] Siehe § 54 Oö Landesbeamtengesetz LGBl 1994/11 idF LGBl 2019/47 und § 10b Salzburger Landesbeamtengesetz LGBl 1987/1 idF LGBl 2019/19 sowie § 12 Tiroler Gemeindevertragsbedienstetengesetz LGBl 2011/119 idF 2019/12 und § 5b Bundesvertragsbedienstetengesetz 1948/86 idF 2019/58; *Kucsko-Stadlmayer,* Disziplinarrecht[4], 320.
[186] *Koller* in: Schmölzer/Mühlbacher, StPO § 78 Rz 11.
[187] § 54 Abs 2 iVm § 109 Abs 1 BDG.
[188] *Schwaighofer,* WK-StPO § 78 Rz 10.
[189] VwGH 24.01.2014, 2013/09/0132; *Schwaighofer,* WK-StPO § 78 Rz 10.

a) Allgemeines

Nach dem geltenden Gesetzeswortlaut muss bei Vorliegen des Verdachts einer Straftat Anzeige erstattet werden.[190] Eine Straftat ist nach § 1 Abs 1 StPO „*jede nach einem Bundes- oder Landesgesetz mit gerichtlicher Strafe bedrohte Handlung*". Da nur gerichtlich strafbare Handlungen einschlägig sind (sog Justiz- bzw Kriminalstrafrecht), sind sämtliche verwaltungsstrafrechtliche Tatbestände per se von der Anzeigepflicht ausgenommen.[191] Straftaten werden generell unterteilt in Offizialdelikte, Ermächtigungsdelikte und Privatanklagedelikte.[192] Der Begriff der Straftat iSd § 78 StPO wird jedoch teleologisch reduziert auf Offizialdelikte sowie Ermächtigungsdelikte.[193] Im Rahmen der Begründung für diese teleologische Reduktion verweist die hL auf die Materialen zum StPRÄG 2004.[194] Laut der Regierungsvorlage sollen die Bestimmungen des § 84 StPO aF inhaltlich unverändert in § 78 StPO übernommen werden und bis zum StPRÄG 2004 sah die Anzeigepflicht nach § 84 StPO aF nur den Begriff „*von Amts wegen zu verfolgende strafbare Handlungen*" vor.[195] Die Verfolgungsinitiative bei Privatanklagedelikten muss der Verletzte selbst setzen, da bspw bei strafbaren Handlungen gegen die Ehre das öffentliche Interesse zur Aufklärung nicht tangiert wird.[196] Überdies wäre es widersinnig, eine Anzeigepflicht für Privatanklagedelikte anzunehmen, da Privatanklagen ohne staatsanwaltschaftliches Ermittlungsverfahren unmittelbar beim zuständigen Gericht einzubringen sind.[197]

b) Begriff der Straftat

Als allgemeinen Grundsatz normiert § 1 Abs 1, 1. Satz StPO die Aufklärung von Straftaten.[198] Nach der hL und Rsp ist unter einer gerichtlich mit Strafe bedrohten Handlung jede tatbestandsmäßige sowie rechtswidrige Handlung zu verstehen, die allerdings nicht schuldhaft begangen werden muss, dh es müssen nicht sämtliche materiellen Voraussetzungen eines Delikts erfüllt sein, um eine gerichtlich mit Strafe

---

190 *Zenz*, Anzeigepflicht, 84.

191 *M. Brandstetter*, Amtsanzeige, 119; *Hinterhofer/Oshidari*, Strafverfahren, Rz 1.6; *Kucsko-Stadlmayer*, Disziplinarrecht[4], Seite 255; *Birklbauer/Stiebellehner*, JSt 2017, 280.

192 *Seiler*, Strafprozessrecht[17], Rz 24-35.

193 *Oberlaber*, RZ 2017, 96; *Kucsko-Stadlmayer*, Disziplinarrecht[4], Seite 255.

194 *Zenz*, Anzeigepflicht, 84; *M. Brandstetter*, Amtsanzeige, 117.

195 *Zenz*, Anzeigepflicht, 84; *M. Brandstetter*, Amtsanzeige, 117.

196 *Seiler*, Strafprozessrecht[17], Rz 27.

197 *Schwaighofer*, WK-StPO § 78 Rz 16; *Hinterhofer/Oshidari*, Strafverfahren, Rz 3.13; *Nimmervoll*, Strafverfahren[2], 60; *Zenz*, Anzeigepflicht, 84; *Schwaighofer*, ZfG 2018, 143; *Koller* in: Schmölzer/Mühlbacher, StPO § 78 Rz 2.

198 *Hinterhofer/Oshidari*, Strafverfahren, Rz 1.5; *Nimmervoll*, Strafverfahren[2], 17.

bedrohte Handlung zu begehen.[199] Spricht der Gesetzgeber demgegenüber schlicht von einer strafbaren Handlung, müssen alle materiellen Voraussetzungen (sohin eine tatbestandsmäßige, rechtswidrige und schuldhafte Handlung) gegeben sein.[200] Vor allem bei zurechnungsunfähigen Tätern ist die Unterscheidung der Begriffe strafbare Handlung und mit Strafe bedrohten Handlung wesentlich, da diese Tätergruppe zwar tatbestandsmäßig und rechtswidrig, jedoch nicht schuldhaft handeln kann.[201] Da § 84 StPO aF[202] schlicht von einer strafbaren Handlung spricht und der Gesetzgeber mit dem neuen Wortlaut („Straftat" anstatt „strafbare Handlungen") in § 78 StPO die Bestimmungen der aF inhaltlich unverändert übernehmen wollte, vertritt die Praxis heute die Auffassung, dass eine Anzeigepflicht nach § 78 StPO dann nicht gegeben ist, wenn der potentielle Adressat der Anzeigepflicht der Meinung ist, dass nicht alle materiellen Voraussetzungen einer strafbaren Handlung erfüllt sind.[203] Dieses Verständnis wird durch § 78 Abs 2 Z 2 StPO bekräftigt, worin sogar ausdrücklich die Berücksichtigung von zeitlich nahen Strafaufhebungsgründen normiert wird.[204]

2. Verdacht

a) Allgemeines

Anzeigepflichtig sind die Adressaten des § 78 StPO nur, wenn der Verdacht einer Straftat vorliegt, wobei sich unmittelbar die Frage aufdrängt, wie stark dieser Verdacht ausgeprägt sein muss.[205] Das Element des Verdachts hat der Gesetzgeber erst mit dem StPRÄG 1993 eingeführt, vorher wurde laut Gesetzestext die Anzeigepflicht nur bei Kenntnis einer strafbaren Handlung begründet.[206] Nach dem Wortlaut wäre der Anwendungsbereich des früheren § 84 StPO aF dadurch extrem eng gewesen; denn das tatsächliche Vorliegen einer Straftat muss erst durch das anschließende

---

[199] *Hinterhofer/Oshidari,* Strafverfahren, Rz 1.10; *Kienapfel/Höpfel/Kert*, AT[15], Z 6 Rz 5; *Fuchs/Zerbes*, AT[10], 53; *Triffterer*, Strafrecht Allgemeiner Teil[2], 41; *Markel* in: Fuchs/Ratz, WK-StPO § 1 Rz 5; *Kröschl* in: Schmölzer/Mühlbacher, StPO § 1 Rz 1; *Nimmervoll,* Strafverfahren[2], 17; OGH 12.03.1998, 15 Os 10/98; OGH RIS-Justiz RS0109716.

[200] *M. Brandstetter,* Amtsanzeige, 120; *Hinterhofer/Oshidari,* Strafverfahren, Rz 1.12; *Markel* in: Fuchs/Ratz, WK-StPO § 1 Rz 6; *Kröschl* in: Schmölzer/Mühlbacher, StPO § 1 Rz 1; *Fuchs/Zerbes*, AT[10], 53; *Triffterer*, Strafrecht Allgemeiner Teil[2], 41; *Markel* in: Fuchs/Ratz, WK-StPO § 1 Rz 6; OGH 29.05.2002, 13 Os 53/02.

[201] *Hinterhofer/Oshidari,* Strafverfahren, Rz 1.12; *Markel* in: Fuchs/Ratz, WK-StPO § 1 Rz 6; *Nimmervoll,* Strafverfahren[2], 17.

[202] StPO BGBl 1975/631 idF BGBl I 2000/108.

[203] ErläutRV 25 BlgNR 22, GP, 112; *Schwaighofer,* WK-StPO § 78 Rz 18; *M. Brandstetter,* Amtsanzeige, 120; *Hinterhofer/Oshidari,* Strafverfahren, Rz 1.12.

[204] *Schmoller,* Anzeigepflicht und Amtsmissbrauch, 7; *Schwaighofer,* WK-StPO § 78 Rz 18.

[205] *Schmoller,* Anzeigepflicht und Amtsmissbrauch, 7.

[206] *M. Brandstetter,* Amtsanzeige, 132.

Strafverfahren geklärt werden.[207] Durch Interpretation wurde deshalb der Wortlaut des § 84 StPO aF damals bereits so ausgelegt, dass schon der Verdacht einer strafbaren Handlung für die Begründung einer Anzeigepflicht ausreichend ist.[208]

b) Begriff des Verdachts

Der Verdachtsbegriff wird in der StPO nicht einheitlich legaldefiniert, weshalb dieser nur durch Interpretation konkretisiert werden kann.[209] Das Gesetz unterscheidet seit dem StPRÄG 2014 zwischen einem Anfangsverdacht gemäß § 1 Abs 3 StPO, wenn bestimmte Anhaltspunkte vorliegen, dass eine Straftat begangen worden ist, und einem konkreten Verdacht nach § 48 Abs 1 Z 2 StPO, wenn jemand konkret verdächtig ist, eine Straftat begangen zu haben.[210] Für die Verhängung einer Untersuchungshaft muss der Beschuldigte sogar einem dringenden Tatverdacht unterliegen.[211] Es lässt sich erkennen, dass mit fortschreitender Dauer des Strafverfahrens die Intensität des Verdachts der Begehung einer Straftat gestiegen sein muss, wobei jedoch der Versuch, die einzelnen Verdachtsgrade der StPO exakt abzugrenzen, scheitern wird.[212]

Die Anzeige eines Verdachts einer Straftat nach § 78 Abs 1 StPO ist der Türöffner zu einem möglichen Strafverfahren.[213] Da jedoch bei Entstehung der Anzeigepflicht noch nicht einmal ein Strafverfahren anhängig ist, könnte dies auf eine eher restriktive Interpretation des Begriffs „Verdacht" hindeuten.[214] Tatsächlich wird von der hL eine großzügige Auslegung der Anzeigepflicht nach § 78 StPO „für ein liberales Rechtsverständnis" als problematisch angesehen, deshalb wird eine einschränkende Interpretation der Norm gefordert, damit Personen nicht überstürzt einer Strafverfolgung ausgesetzt werden.[215] Daraus folgt, dass ein Anfangsverdacht nach § 1 Abs 3 StPO, dh das bloße Vorliegen von bestimmten Anhaltspunkten, die auf eine begangene Straftat hinweisen, für die Begründung der Anzeigepflicht jedenfalls noch nicht ausreicht.[216] Bloße Beschuldigungen, Spekulationen oder substratlose Hinweise (zB die schlichte Behauptung, der Bürgermeister missbrauche sein Amt oder er sei ein Betrüger)

---

[207] *M. Brandstetter,* Amtsanzeige, 132.
[208] *M. Brandstetter,* Amtsanzeige, 132.
[209] *M. Brandstetter,* Amtsanzeige, 133.
[210] *Birklbauer,* RFG 2019, 34; *Oberlaber,* ÖJZ 2018, 62.
[211] *M. Brandstetter,* Amtsanzeige, 134; *Oberlaber,* ÖJZ 2018, 62.
[212] *Oberlaber,* ÖJZ 2018, 69; *M. Brandstetter,* Amtsanzeige, 134.
[213] *Oberlaber,* ÖJZ 2018, 62.
[214] *M. Brandstetter,* Amtsanzeige, 134.
[215] *Birklbauer,* RFG 2019, 34; *Burgstaller,* JBl 1991, 342; *Schwaighofer,* WK-StPO § 78 Rz 1; *Hinterhofer/Oshidari,* Strafverfahren, Rz 3.13.
[216] *Hinterhofer/Oshidari,* Strafverfahren, Rz 3.14; *Schwaighofer,* WK-StPO § 78 Rz 17.

begründen erst gar keinen Anfangsverdacht und unterliegen daher keinesfalls der Anzeigepflicht.[217]

Bei der Interpretation des Verdachts nach § 78 StPO ergeben sich weitere Unklarheiten; denn im Vergleich liegt eine Anzeigepflicht des Dienststellenleiters nach § 45 Abs 3 BDG erst bei einem begründeten Verdacht vor; jedoch ergibt sich aus den Gesetzesmaterialien zum StPRÄG 1993, dass der Justizausschuss vom Wort „begründet" in § 78 StPO absehen wollte, damit die Behörden oder öffentlichen Dienststellen nicht dem Missverständnis unterliegen, dass eine besondere Prüfung der Qualität des Tatverdachts erforderlich sei.[218] Die überarbeitete StPO sollte vielmehr einer klaren und unmissverständlichen Handlungsanleitung entsprechen und der Begriff „Verdacht" muss von vornherein einen substantiierten und begründeten Tatverdacht enthalten.[219] Damit nun von einem Verdacht nach § 78 StPO gesprochen werden kann, muss nach hL eine konkrete Verdachtslage aufgrund bestimmter Tatsachen vorliegen, so wie sie auch gemäß § 48 Abs 1 Z 2 StPO für die Beschuldigtenstellung gefordert wird.[220] Der Sachverhalt erfordert bestimmte Anhaltspunkte, nach der die Annahme einer strafbaren Handlung indiziert ist.[221]

Brandstetter kommt in seiner umfangreichen Untersuchung zur Anzeigepflicht zu dem Ergebnis, dass ein Verdacht einer Straftat (in Anlehnung an die Rsp des OGH[222]) nur dann vorliegt, „wenn wahrgenommene hinreichende Tatsachen die Annahme der Wahrscheinlichkeit des Vorliegens einer Straftat idF rechtfertigen, dass eine andere normale, legale, harmlose Erklärung kaum in Betracht kommt".[223] Im Unterschied zur hL stützt sich *Brandstetter* nicht auf die konkrete Verdachtslage, wie sie in der Beschuldigtenstellung nach § 48 Abs 1 Z 2 StPO gefordert wird, weil seines Erachtens der Verdacht einer strafbaren Handlung aus Sicht des § 84 StPO aF nicht notwendigerweise das Vorhandensein einer konkret verdächtigen Person voraussetzt.[224] Anzeigepflichtig kann eine Behörde oder öffentliche Dienststelle nach § 78 StPO demnach auch dann werden, wenn keine bestimmte verdächtige Person bekannt ist, hinreichende Tatsachen auf das Vorliegen einer Straftat aber vorhanden sind

---

[217] *Schwaighofer,* ZfG 2018, 143; *Schmoller,* Anzeigepflicht und Amtsmissbrauch, 5; *Schwaighofer*, WK-StPO § 78 Rz 17; *Birklbauer* in: ÖGERN, Anzeigepflichten, 129.
[218] JAB 1157 BlgStenProtNR 18, GP, 8; *M. Brandstetter,* Amtsanzeige, 138.
[219] *Schmoller,* Anzeigepflicht und Amtsmissbrauch, 5; *M. Brandstetter,* Amtsanzeige, 138.
[220] *Schwaighofer*, WK-StPO § 78 Rz 17; *Hinterhofer/Oshidari,* Strafverfahren, Rz 3.14; *Birklbauer/Stiebellehner,* JSt 2017, 281; *Schwaighofer,* ZfG 2018, 143; *Birklbauer,* RFG 2019, 34.
[221] *Markel* in: Fuchs/Ratz, WK-StPO § 1 Rz 26.
[222] OGH 19.12.2006, 4 Ob 230/06m.
[223] *M. Brandstetter,* Amtsanzeige, 149.
[224] *M. Brandstetter,* Amtsanzeige, 118; ebenso *Oberlaber*, ÖJZ 2018, 68; vgl auch *Schick* in: Huber/Jesionek/Miklau, Anzeigepflicht, 307.

(Entpersonalisierung des Verdachts).[225]

c) Untersuchungspflichtiger Anfangsverdacht

Werden Umstände bekannt, die zwar einen Anfangsverdacht begründen, dieser jedoch noch nicht bis zum anzeigepflichtigen konkreten Verdacht gediehen ist, stellt sich die Frage, ob und in welchem Umfang die Behörden und öffentlichen Dienststellen einer Untersuchungspflicht auf Begründetheit des Anfangsverdachtes unterliegen.[226] Nach hL müssen die Adressaten der Anzeigepflicht eine entsprechende Vorprüfung des Verdachts selbst vornehmen, damit sie diesen konkretisieren können.[227] Die Gesetzesmaterialen sprechen davon, dass jedenfalls amtsinterne Erhebungen gerechtfertigt und zweckmäßig sind, um zu klären, ob der zur Anzeigepflicht führende konkrete Verdacht gegeben ist.[228] Die zulässige Zeitspanne, um die entsprechenden Erhebungen zu tätigen, lässt sich ua aus § 78 Abs 2 Z 2 StPO ableiten, da hier die Behörden bzw öffentlichen Dienststellen auch mögliche Strafaufhebungsgründe in zeitlicher Zukunft berücksichtigen müssen.[229] Je nach Aufklärungsmöglichkeiten und den zu erwartenden Fortschritten bei der Verdachtsermittlung wird ferner die Frage zu beantworten sein, wie lange die Behörde oder öffentliche Dienststelle amtsintern ermitteln darf, bevor sie die Strafanzeige bei der Kriminalpolizei oder Staatsanwaltschaft erstatten muss.[230] Damit die potentiell anzeigepflichtige Person tatsächlich eine strafrechtliche Einschätzung treffen kann, muss sie allerdings über die fachliche Kompetenz iZm den in Frage kommenden Straftatbeständen verfügen, um den Verdacht tatsächlich konkretisieren zu können.[231] Nach *Brandstetter* liegt darin ganz klar die „Achillesferse" der Anzeigepflicht und er kommt im Ergebnis so zu seiner (oben angeführten) Definition des Verdachts, um damit „strafrechtsfremden" Organen eine möglichst genaue Handlungsanleitung zu geben.[232]

Wenn es mit amtsinternen Mitteln in effizienter Weise möglich ist einen Anfangsverdacht zu konkretisieren, kann diese Möglichkeit genützt werden; falls keine solchen Mittel zur Verfügung stehen oder sich eine große Zeitverzögerung durch die notwendigen

---

[225] *M. Brandstetter,* Amtsanzeige, 119.
[226] *Schmoller,* Anzeigepflicht und Amtsmissbrauch, 6.
[227] *Birklbauer,* RFG 2019, 34; *Schmoller,* Anzeigepflicht und Amtsmissbrauch, 6; *Schwaighofer*, WK-StPO § 78 Rz 18; *Hinterhofer/Oshidari,* Strafverfahren, Rz 3.14; *Birklbauer* in: ÖGERN, Anzeigepflichten, 137.
[228] ErläutRV 924 BlgNR 18, GP, 20.
[229] *Schwaighofer*, WK-StPO § 78 Rz 18.
[230] *Schmoller,* Anzeigepflicht und Amtsmissbrauch, 6.
[231] *M. Brandstetter,* Amtsanzeige, 147.
[232] *M. Brandstetter,* Amtsanzeige, 147.

Ermittlungen ergeben würde, tritt die Informationspflicht an die Strafverfolgungsbehörde schon früher ein.[233] Gehen die Behörden oder öffentlichen Dienststellen jedoch leichtsinnig von einem fehlenden konkreten Verdacht aus und treffen sie keinerlei Maßnahmen, um einen vorliegenden Anfangsverdacht näher zu untersuchen, könnte dies eine rechtswidrige Unterlassung der Anzeige nach § 78 StPO bedeuten und mögliche strafrechtliche Konsequenzen für den betroffenen Organwalter selbst nach sich ziehen (siehe dazu Kapitel IV).[234] Es sei aber auch darauf hingewiesen, dass im Zweifel Behörden oder öffentliche Dienststellen die Möglichkeit nutzen können, sich auf das allgemeine Anzeigerecht nach § 80 StPO zu stützen, um somit einer eigenen strafrechtlichen Verantwortung von vornherein aus dem Weg zu gehen.[235] Die strafrechtliche Verantwortung muss die anzeigende Person aber dann übernehmen, wenn sie die Anzeige wider besseren Wissens erstattet hat; in diesem Fall könnte der Tatbestand der Verleumdung (§ 297 StGB) oder der üblen Nachrede (§ 111 StGB) erfüllt sein.[236]

d) Verdacht auf Vorliegen aller Strafbarkeitsvoraussetzungen

Der Tatbestand einer Straftat umfasst nach gefestigter Rsp die Summe der objektiven und subjektiven Tatbestandsmerkmale.[237] Nur wenn alle Tatbestandsmerkmale eines Strafdelikts erfüllt sind, handelt jemand tatbestandsmäßig.[238] Die objektiven Tatbestandsmerkmale werden idR in den Deliktstatbeständen angeführt. Wenn etwa nach § 83 StGB jemand einen anderen am Körper verletzt, handelt dieser zumindest objektiv tatbestandsmäßig.[239] Damit von einer Straftat gesprochen werden kann, muss der Täter auch subjektiv tatbestandsmäßig handeln.[240] Der subjektive Tatbestand zielt auf das Bewusstsein des Täters respektive auf seine seelische innere Haltung während der Tat, dh auf seinen Vorsatz, ab.[241] Der Täter muss zur Erfüllung des subjektiven Tatbestands zB die Zufügung der Körperverletzung zumindest ernstlich für möglich halten und sich mit ihr abfinden.[242]

---

233 *Schmoller,* Anzeigepflicht und Amtsmissbrauch, 6.
234 *M. Brandstetter,* Amtsanzeige, 147.
235 *Mantler,* Anzeigepflicht, 54; *Schmoller,* Anzeigepflicht und Amtsmissbrauch, 6; *M. Brandstetter,* Amtsanzeige, 3; *Seiler*, Strafprozessrecht[17], Rz 618.
236 *Mayerhofer/Salzmann,* StPO[6], § 78 Rz 17.
237 OGH RIS-Justiz 0119623; OGH RIS-Justiz 0070257; OGH RIS-Justiz RS0120218.
238 *Kienapfel/Höpfel/Kert*, AT[15], Z 8 Rz 3.
239 *Kienapfel/Höpfel/Kert*, AT[15], Z 10 Rz 1.
240 *Kienapfel/Höpfel/Kert*, AT[15], Z 11 Rz 1.
241 *Kienapfel/Höpfel/Kert*, AT[15], Z 8 Rz 8.
242 Siehe § 5 Abs 1 StGB; *Kienapfel/Höpfel/Kert*, AT[15], Z 8 Rz 8.

M. Brandstetter ist der Auffassung, dass für den Eintritt einer Anzeigeverpflichtung nach § 78 StPO bereits der Verdacht auf das Vorliegen aller objektiven Tatbestandsmerkmale einer Straftat ausreicht.[243] Er begründet dies damit, dass der Begriff der Straftat bei der Anzeigepflicht abweichend auszulegen ist, weil es sich nur um den Verdacht einer Straftat handelt und die Prognose einer endgültigen Strafbarkeit den Strafverfolgungsbehörden (Staatsanwaltschaften und Gerichten) überlassen werden muss.[244] Dass der Verdacht auf ein tatbestandsgemäßes Verhalten für eine Anzeigeverpflichtung bereits ausreichend ist, konstatiert auch *Oberlaber,* indem er in seinen Ausführungen auf *M. Brandstetter* verweist.[245] Jedoch schließt nach der heutigen Ansicht ein tatbestandsmäßiges Handeln auch den subjektiven Tatbestand mit ein.[246] *Schmoller* hingegen ist davon überzeugt, dass jedenfalls die objektive und die subjektive Komponente des Tatbestands (also bei Vorsatzdelikten auch der Vorsatz des potentiellen Straftäters) berücksichtigt werden müssen.[247] Als Beispiel nennt er die strafbare Handlung des Mordes und die der fahrlässigen Tötung. Würde nach *M. Brandstetter* für eine Anzeigepflicht das Vorliegen des objektiven Tatbestands bereits ausreichend sein, dann müsste der Organwalter bei einer fahrlässigen Tötung einen Mordverdacht zur Anzeige bringen, denn die fahrlässige Tötung unterscheidet sich vom Mord nur im subjektiven Tatbestand.[248] *M. Brandstetter* jedoch sieht bereits den Verdacht auf den erfüllten objektiven Tatbestand als ausreichend an und begründet seine Auffassung mit dem weiteren Argument, dass der Verdachtsbegriff nach § 78 StPO nicht zwingend personalisiert sein muss und der subjektive Tatbestand ohne verdächtige Person nicht geprüft werden kann.[249] Diese Divergenz lässt sich mE dahingehend lösen, dass das subjektive Element eines Straftatbestands nur dann berücksichtigt werden muss, wenn auch eine tatverdächtige Person bekannt ist. Sind nach einer adäquaten Ermittlungszeit keine Anhaltspunkte einer verdächtigen Person ausfindig zu machen, liegt aber der konkrete Verdacht vor, dass eine Straftat begangen wurde, so besteht mE Anzeigepflicht für die Behörde oder öffentliche Dienststelle.

Sonstige Strafbarkeitsvoraussetzungen (etwa Entschuldigungs- und Rechtfertigungsgründe) dürfen von den Behörden oder öffentlichen Dienststellen nach *Oberlaber* nicht geprüft werden (den Strafverfolgungsbehörden soll die Qualität der Verdachtsprüfung

---

243 *M. Brandstetter,* Amtsanzeige, 126, 130.
244 *M. Brandstetter,* Amtsanzeige, 125 f.
245 *Oberlaber,* RZ 2017, 96; *Oberlaber,* ÖJZ 2018, 63.
246 *Schmoller,* Anzeigepflicht und Amtsmissbrauch, 7; *Kienapfel/Höpfel/Kert,* AT[15], Z 26 Rz 1 f; OGH RIS-Justiz RS0070257; OGH RIS-Justiz RS0098775.
247 *Schmoller,* Anzeigepflicht und Amtsmissbrauch, 7.
248 *Schmoller,* Anzeigepflicht und Amtsmissbrauch, 7.
249 *M. Brandstetter,* Amtsanzeige, 119, 126.

vorbehalten sein).[250] Für eine umfassende Prüfungsobliegenheit aller Tatbestandsmerkmale inkl der Berücksichtigung möglicher Rechtfertigungs-, Entschuldigungs-, Strafaufhebungs- oder Strafausschließungsgründe sprechen sich ausdrücklich *Schwaighofer* und *Schmoller* aus.[251] Sie leiten diese umfassende Verpflichtung zur Beurteilung der Verdachtslage aus § 78 Abs 2 Z 2 StPO ab, da für eine Beseitigung der Anzeigepflicht sogar in Zukunft zu erwartende Strafaufhebungsgründe von der jeweiligen Behörde oder öffentlichen Dienststelle berücksichtigt werden müssen.[252] Wenn künftig eintretende Strafaufhebungsgründe zu berücksichtigen sind, muss dies e contrario auch für Rechtfertigungs-, Entschuldigungs- oder Strafausschließungs- sowie Strafaufhebungsgründe gelten, die bereits eingetreten sind oder von Beginn an vorliegen.[253] Ein Entfall der Anzeigepflicht tritt nur dann ein, wenn die Behörde oder öffentliche Dienststelle davon überzeugt ist, dass ein Straflosigkeitsgrund beim Verdächtigen vorliegt; dazu sind amtsinterne Erhebungen zur näheren Klärung möglich.[254] Liegen hingegen nur die geringsten Anhaltspunkte vor, dass ein möglicher Straflosigkeitsgrund nicht greift, muss Anzeige erstattet werden.[255] Für *Birklbauer* geht eine umfassende Prüfungspflicht aller möglicher Rechtfertigungs-, Entschuldigungs- oder Strafausschließungsgründe zu weit; denn bei gefährlichen, schuldunfähigen Tätern könnte infolge eines Strafverfahrens (aufgrund einer Anzeige nach § 78 StPO) bspw auch eine vorbeugende Maßnahme als Sanktion erfolgen.[256]

C. Sachlicher Anwendungsbereich

1. Amtliche Eigenschaft

Die Anzeigepflicht nach § 78 StPO enthält einige Anwendungsbeschränkungen. Keineswegs werden die Adressaten der Norm dazu verpflichtet, sämtliche Verdachtsfälle einer Straftat zur Anzeige zu bringen.[257] Wie oben bereits erörtert (III.B.), erstreckt sich die Anzeigepflicht nur auf Offizialdelikte (inkl den Ermächtigungsdelikten). Nach hM besteht die Pflicht, Anzeige zu erstatten nur dann, wenn der Verdacht einer

---

[250] *Oberlaber,* RZ 2017, 96; differenziert *M. Brandstetter,* Amtsanzeige, 129; Schmölzer/Mühlbacher, StPO § 78 Rz 23; *Kucsko-Stadlmayer,* Disziplinarrecht^4, 256.
[251] *Schwaighofer*, WK-StPO § 78 Rz 18; *Schmoller,* Anzeigepflicht und Amtsmissbrauch, 7.
[252] *Schwaighofer*, WK-StPO § 78 Rz 18; *Schmoller,* Anzeigepflicht und Amtsmissbrauch, 7.
[253] *Schmoller,* Anzeigepflicht und Amtsmissbrauch, 7.
[254] *Schwaighofer*, WK-StPO § 78 Rz 18; *Schmoller*, Anzeigepflicht und Amtsmissbrauch, 8.
[255] *Schmoller*, Anzeigepflicht und Amtsmissbrauch, 8.
[256] *Birklbauer* in: ÖGERN, Anzeigepflichten, 137.
[257] *Schmoller,* Anzeigepflicht und Amtsmissbrauch, 2.

Straftat in amtlicher Eigenschaft bekannt geworden ist.[258] Im Umkehrschluss bedeutet dies, dass alle Verdachtsmomente einer Straftat, die den anzeigepflichtigen Personen außerhalb einer amtlichen Tätigkeit zur Kenntnis gelangen, nicht relevant sind.[259] Erlangt ein Amtsleiter durch private Kontakte oder in seiner Freizeit (etwa bei einem privaten Gasthausbesuch oder in der Sauna) von einer möglichen Straftat Kenntnis, begründet dies für ihn keine Anzeigeverpflichtung.[260] Diese Einschränkung gilt gleichermaßen für den Beamten, der seinem Behördenleiter gegenüber der Meldepflicht unterliegt.[261] Es muss sohin ein Zusammenhang zwischen Tat und Amt herrschen, damit der Anwendungsbereich der Norm eröffnet wird.[262] Die Differenzierung zwischen privat erlangtem Wissen und amtlicher Informationserlangung ist auch deshalb essentiell, weil bei der Unterlassung einer verpflichteten Amtsanzeige eine Strafbarkeit nach § 302 StGB in Frage kommt.[263] Bereits in den Gesetzesmaterialien zur StPO 1873 kommt klar zum Ausdruck, dass privat erlangtes Wissen nicht zur Anzeigepflicht führen soll; denn das würde eine „unverhältnismäßige Beeinträchtigung der gesellschaftlichen Stellung des Organwalters Mensch zur Folge“ haben.[264] In einem demokratischen Rechtsstaat soll eine Art Spionage im Sinne einer allgemeinen und in allen Lebenslagen durchzuführenden Suche nach Straftaten anderer prinzipiell nicht auf der Tagesordnung stehen.[265]

Die genaue Abgrenzung zwischen der Informationserlangung in amtlicher Funktion bzw privater Natur wurde in Lehre und Rsp bisher nur rudimentär behandelt.[266] Wenn eine Person vom Tatverdacht nicht in dienstlicher Eigenschaft erfährt, liegt privates Wissen vor.[267] Wenn die Informationen, die zum Verdacht einer Straftat führen, nur aufgrund der amtlichen Funktion gewonnen wurden, liegt ein Bekanntwerden im Sinne des § 78 StPO vor.[268] Ruft bspw die Ehegattin des Behördenleiters diesen in seiner Dienstzeit im Büro an und berichtet von einer Straftat ihrer gemeinsamen Tochter, liegt kein Bekanntwerden

---

[258] *Schwaighofer*, WK-StPO § 78 Rz 19; *Schmoller*, Anzeigepflicht und Amtsmissbrauch, 2; *Hinterhofer/Oshidari*, Strafverfahren, Rz 3.6; *Fabrizy*, StPO[13], § 78 StPO Rz 3; *Adamovic/Handler* in: Städtebund, Strafverfolgungsbehörden, 13; *Koller* in: Schmölzer/Mühlbacher, StPO § 78 Rz 12; *Seiler*, Strafprozessrecht[17], Rz 616; *Mayerhofer/Salzmann*, StPO[6], § 78 Rz 6; *Oberlaber*, RZ 2017, 95; OGH RIS-Justiz RS0071085; OGH 30.09.1987, 9 Os 52/87; OGH 27.02.1990, 15 Os 3/90; OGH 17.10.2000, 14 Os 74/00.

[259] *Bachner-Foregger*, StPO[24], 124; *Schwaighofer*, WK-StPO § 78 Rz 19.

[260] *Schmoller*, Anzeigepflicht und Amtsmissbrauch, 2; *Schwaighofer*, ZfG 2018, 143.

[261] *Schwaighofer*, WK-StPO § 78 Rz 19.

[262] *Bachner-Foregger*, StPO[24], 124.

[263] *M. Brandstetter*, Amtsanzeige, 48.

[264] *M. Brandstetter*, Amtsanzeige, 48.

[265] *Birklbauer*, RFG 2019, 33.

[266] *M. Brandstetter*, Amtsanzeige, 51.

[267] *Marek/Jerabek*, Korruption und Amtsmissbrauch[12], § 302 Rz 38; *Fabrizy*, StPO[13], § 78 StPO Rz 3; *M. Brandstetter*, Amtsanzeige, 51.

[268] *M. Brandstetter*, Amtsanzeige, 54.

in dienstlicher Eigenschaft vor; denn die Ehegattin wollte den Behördenleiter nicht hinsichtlich seiner Funktion kontaktieren, sondern aufgrund privater Angelegenheiten.[269] Würden die Informationen aus dem soeben angeführten Beispiel bereits für eine Anzeigepflicht ausreichen, hätte jeder Organwalter keinerlei Privatsphäre im Dienst.[270] Auch den Beamten stehen freilich sämtliche Grundrechte, in diesem Fall das Grundrecht auf Achtung des Privat- und Familienlebens iSd Art 8 EMRK[271], zu.[272] Die Abgrenzung lässt sich nach *M. Brandstetter* folgendermaßen vornehmen: Ist bei bewusster Informationszufuhr zu einer Person gerade die Beamtenfunktion dieser Person kausal geworden (conditio sine qua non), dann liegt dienstliches Wissen vor, das taugliche Grundlage einer Anzeigepflicht sein kann.[273]

Zusammenfassend liegen Informationen, die eine Anzeigepflicht begründen können, nur dann vor, wenn diese Informationen aufgrund der Funktion des Organwalters erlangt wurden.[274] Die Rsp macht jedoch eine Ausnahme von dieser Regel: Der Organwalter, der außerdienstlich von einer möglichen Straftat Kenntnis erlangt hat und erst in der Folge entsprechende Amtsgeschäfte verrichten muss, die im unmittelbaren Zusammenhang mit der vorher erlangten Information stehen, hat dabei sehr wohl seinen gesamten Wissensstand zu verwerten.[275] In diesem speziellen Fall kommt es zu einer Verschmelzung zwischen amtlichem und privatem Wissen.[276]

2. Gesetzmäßiger Wirkungsbereich

a) Herrschende Rechtsauffassung

§ 78 StPO schränkt die Anzeigepflicht auf den gesetzmäßigen Wirkungsbereich einer Behörde oder öffentlichen Dienststelle ein, dh auf jenen Bereich, in dem Gesetze vollzogen werden.[277] Zur Begründung einer Anzeigepflicht geht diese Bedingung über eine reine Informationserlangung in amtlicher Eigenschaft hinaus und erfordert, dass die

---

269 *M. Brandstetter,* Amtsanzeige, 52.
270 *M. Brandstetter,* Amtsanzeige, 53.
271 Europäische Menschenrechtskonvention BGBl 1958/2010 idF BGBl III 2018/139.
272 Vgl *Kucsko-Stadlmayer,* Disziplinarrecht[4], 11.
273 *M. Brandstetter,* Amtsanzeige, 53.
274 *M. Brandstetter,* Amtsanzeige, 54.
275 OGH 07.10.2013, 17 Os 9/13x; OGH 17.10.2000, 14 Os 74/00; OGH RIS-Justiz RS0089071; ebenso *Koller* in: Schmölzer/Mühlbacher, StPO § 78 Rz 11; *Hinterhofer/Oshidari,* Strafverfahren, Rz 3.5; *M. Brandstetter,* Amtsanzeige, 54; *Marek/Jerabek*, Korruption und Amtsmissbrauch[12], § 302 Rz 38.
276 *M. Brandstetter,* Amtsanzeige, 55.
277 *Schwaighofer,* ZfG 2018, 142; *Marek/Jerabek*, Korruption und Amtsmissbrauch[12], § 302 Rz 35; *Schwaighofer,* WK-StPO § 78 Rz 11; *Bertel/Venier*, StPO, § 78 Rz 2.

mögliche Straftat, über die der Beamte Kenntnis erlangt hat, in einem gewissen Bezug zum Aufgabenbereich der Behörde steht.[278] Dieser Bezug wäre jedoch bereits erforderlich, wenn das Gesetz nur auf den Wirkungsbereich alleine abstellen würde.[279] § 78 StPO enthält aber den zusätzlichen Wortlaut „gesetzmäßiger“ Wirkungsbereich, der Anwendungsbereich wird also zusätzlich eingeschränkt.[280] In den gesetzmäßigen Wirkungsbereich fallen einerseits alle Straftaten, die von den Beamten unmittelbar bei ihrer amtlichen Tätigkeit (Amtsdelikte) oder durch Ausnutzung ihrer amtlichen Stellung verwirklicht wurden (Allgemeindelikte iVm § 313 StGB).[281] Andererseits wird die Frage der Anzeigepflicht in Bezug auf Straftaten, die von Außenstehenden realisiert wurden und dem Adressatenkreis des § 78 StPO bekannt werden, nicht ganz eindeutig beantwortet.[282] Nach den Gesetzesmaterialien sollte der Begriff des gesetzmäßigen Wirkungsbereichs, der mit dem StPRÄG 1993 eingeführt wurde, jenem gleichlautenden Begriff entsprechen, der in der Regelung zur Leistung von Amtshilfe in Art 22 B-VG[283] vorkommt.[284] Dafür muss der anzeigepflichtige Adressatenkreis nach § 78 StPO eine organisatorische Beziehung zu einer der drei Gebietskörperschaften (Bund, Land, Gemeinde) aufweisen.[285] Der Organbegriff wird demnach gemäß Art 22 B-VG eingeschränkt auf solche Organe, „bei denen eine organisatorische Zuordnung der Amtswalter, insbesondere in Form eines Dienstverhältnisses, einer Bestellung durch Ernennung, Beeidigung oder Entsendung oder einer ähnlichen organisatorischen Beziehung, zu einer der drei Gebietskörperschaften besteht“.[286] Eine Verpflichtung zur Leistung von Amtshilfe ist nur dann gegeben, wenn die Behörde selbst befugt wäre, die betreffende Amtshandlung zu setzen.[287]

Keine Verpflichtung zur Amtshilfe besteht in der Privatwirtschaftsverwaltung, denn hier besitzen die Behörden nicht mehr Rechte als jede private Person gegenüber einer anderen.[288] Mit dem Wortlaut „gesetzmäßiger Wirkungsbereich“ wollte der Gesetzgeber die Anzeigepflicht der Behörden und öffentlichen Dienststellen auf jene Straftaten beschränken, die im Rahmen ihrer jeweiligen hoheitlichen Befugnisse bekannt geworden sind; dies ergibt sich deutlich aus dem Justizausschussbericht

---

278 *Schmoller,* Anzeigepflicht und Amtsmissbrauch, 3.
279 *Schmoller,* Anzeigepflicht und Amtsmissbrauch, 3.
280 *Schmoller,* Anzeigepflicht und Amtsmissbrauch, 3.
281 *Schwaighofer,* WK-StPO § 78 Rz 11.
282 *M. Brandstetter,* Amtsanzeige, 150; vgl *Schick,* RZ 1994, 217f.
283 Art 22 B-VG: *„Alle Organe des Bundes, der Länder und der Gemeinden sind im Rahmen ihres gesetzmäßigen Wirkungsbereiches zur wechselseitigen Hilfeleistung verpflichtet.“*
284 ErläutRV 924 BlgNR 18, GP, 20.
285 *Schwaighofer,* ZfG 2018, 141; *Schwaighofer,* WK-StPO § 78 Rz 6.
286 *Öhlinger,* ÖZW 1991, 70; *Adamovich/Funk,* Verwaltungsrecht^3,139.
287 *Schwaighofer,* WK-StPO § 78 Rz 12.
288 *Gallent,* JBl 1970, 292; *Schwaighofer,* WK-StPO § 78 Rz 12.

zum StPRÄG 1993.[289] Straftaten von außenstehenden Dritten begründen für die Adressaten des § 78 StPO deshalb nur dann eine Anzeigepflicht, wenn diese Straftaten im unmittelbaren sowie inhaltlichen Zusammenhang mit dem hoheitlichen Zuständigkeitsbereich der jeweiligen Behörde oder öffentlichen Dienststelle stehen.[290]

Die Rsp und hL gehen daher einhellig davon aus, dass eine Anzeigepflicht nur im Bereich der Hoheitsverwaltung sowie der Gerichtsbarkeit existiert, jedoch nicht innerhalb der Privatwirtschaftsverwaltung.[291]

b) Abgrenzung Hoheits- und Privatwirtschaftsverwaltung

aa) Hoheitsverwaltung

Damit eine Handlung einer Behörde bzw öffentlichen Dienststelle der Hoheitsverwaltung zugeschrieben wird, kommt es nicht auf die Motive und Zwecke der Verwaltungstätigkeit an, sondern es ist entscheidend, welche rechtstechnischen Mittel das Gesetz für die Erfüllung der Aufgaben zur Verfügung stellt.[292] Hoheitsverwaltung signalisiert die Vollziehung der Gesetze mit Hoheitsgewalt, dh mit „imperium"; wenn also der Staat bzw sein handelndes Organ mit seiner vom Gesetz gegebenen spezifischen Macht gegenüber dem Rechtsunterworfenen auftritt und einschlägige Akte wie ein Urteil, einen Beschluss, eine Verordnung oder einen Bescheid erlässt oder unmittelbare Befehls- und Zwangsgewalt anwendet, handelt er im Rahmen der Hoheitsverwaltung.[293] Welche dienstrechtliche Stellung das jeweilige Organ bei der Ausführung dieser Tätigkeiten besitzt ist ohne Belang, solange ihm hoheitliche Befugnisse übertragen wurden, um die entsprechenden Rechtsakte zu setzen.[294] Sobald Körperschaften des öffentlichen Rechts die allgemeinen Verwaltungsverfahrensgesetze anzuwenden haben, werden sie

---

[289] JAB 1157 BlgStenProtNR 18, GP, 8.
[290] *Birklbauer* in: ÖGERN, Anzeigepflichten, 130.
[291] *Hinterhofer/Oshidari,* Strafverfahren, Rz 3.5; *Schwaighofer,* WK-StPO § 78 Rz 11; *Fabrizy,* StPO[13] § 78 Rz 3; *Birklbauer,* RFG 2019, 33; *Koller* in: Schmölzer/Mühlbacher, StPO § 78 Rz 4; *Kucsko-Stadlmayer,* Disziplinarrecht[4], 256; *Schmoller,* Anzeigepflicht und Amtsmissbrauch, 3; OGH 06.06.2016, 17 Os34/15a; OGH 25.09.2017, 17 Os 12/17v; OGH RIS-Justiz RS0131652; OGH RIS-Justiz RS0130809; LVwG 25.03.2019, 950331/10/MB/JB Linz; *Bertel/Venier*, StPO, § 1 Rz 2.
[292] OGH 10.11.1982, 1 Ob 38/82; OGH RIS-Justiz RS0049882.
[293] *Schwaighofer,* WK-StPO § 78 Rz 13; *Birklbauer,* RFG 2019, 33; VwGH 26.06.2012, 2011/11/0005; OGH 06.06.2016, 17 Os34/15a; OGH RIS-Justiz RS0130809; *Grabenwarter/Holoubek,* Verfassungsrecht[4], Rz 953.
[294] *Schwaighofer/Steiner,* RdM 2000, 46.

charakteristisch in behördlicher Funktion tätig und es liegen idR hoheitliche Tätigkeiten vor.[295]

Die Größenordnung der übertragenen hoheitlichen Befugnisse begrenzt gleichzeitig das Ausmaß der Anzeigeverpflichtung.[296] Universitäten haben gemäß § 46 Abs 1 UG in allen behördlichen Angelegenheiten das AVG anzuwenden.[297] Der Rektor handelt bspw bei Erlassung eines Bescheides an einen Studenten hoheitlich.[298] Der Schuldirektor, der gemäß SchUG einen Bescheid an einen Schüler ausstellt, agiert hoheitlich.[299] Verweist ein Forstschutzorgan iSd Forstgesetzes eine Person aus dem Wald oder nimmt er diese Person fest, handelt es mit der ihm von staatlicher Seite verliehenen Hoheitsgewalt.[300] Erlässt der Bürgermeister einen Bescheid aufgrund der jeweiligen Bauordnung des betreffenden Bundeslandes, handelt er in Vollziehung der Gesetze, somit hoheitlich.[301]

bb) Privatwirtschaftsverwaltung

Der Staat bzw das jeweilige Organ tritt bei der Privatwirtschaftsverwaltung einem anderen Rechtssubjekt ebenbürtig gegenüber und bedient sich dabei der rechtlichen Möglichkeiten des bürgerlichen Rechts, insbesondere des Vertrags.[302] Gibt eine Gebietskörperschaft den Auftrag, ein Gebäude zu errichten oder eine Straße zu bauen, bedient sie sich privatrechtlicher Instrumente, so, wie sie einer natürlichen Person ebenfalls zur Verfügung stehen.[303] Der Anwendungsbereich des § 78 StPO ist von vornherein nicht eröffnet, wenn die Behörden oder öffentlichen Dienststellen im Rahmen der Privatwirtschaftsverwaltung tätig werden, da sie dann nicht in ihrem gesetzmäßigen Wirkungsbereich handeln.[304]

cc) Schlichte Hoheitsverwaltung

Wenn der Staat gegenüber Privaten in seiner urtypischen Form auftritt und ein Urteil, einen Beschluss, eine Verordnung oder einen Bescheid erlässt bzw unmittelbare

---

295 *Schwaighofer,* ZfG 2018, 142; *Mayerhofer/Salzmann,* StPO[6], § 78 Rz 8.
296 *Birklbauer,* RFG 2019, 33.
297 Universitätsgesetz 2002 BGBl I 2002/120 idF BGBl I 2017/129.
298 *Schwaighofer,* WK-StPO § 78 Rz 13.
299 Schulunterrichtsgesetz BGBl 1986/472 idF BGBl I 2019/54.
300 § 110 iVm § 112 Forstgesetz 1975 BGBl 1975/440 idF BGBl I 2016/56.
301 Etwa § 55 Abs 1 Oö Bauordnung 1994 LGBl 1994/66 idF LGBl 2019/44.
302 *Mayer/Kucsko-Stadlmayer/Stöger,* Bundesverfassungsrecht[11], Rz 560; VwGH 26.06.2012, 2011/11/0005; *Grabenwarter/Holoubek,* Verfassungsrecht[4], Rz 1015.
303 *Schwaighofer,* WK-StPO § 78 Rz 14; *Schwaighofer/Steiner,* RdM 2000, 46.
304 *Birklbauer/Stiebellehner,* JSt 2017, 282; *Schwaighofer,* WK-StPO § 78 Rz 14.

Befehls- und Zwangsgewalt anwendet, handelt er mit formeller Hoheitsgewalt (imperium).[305] Verzichtet der Staat auf diese Übermacht und verkauft, vermietet oder verpachtet er bspw, so liegt privates Handeln vor; Bürger und Staat stehen sich gleichgestellt im Rahmen der Privatwirtschaftsverwaltung gegenüber.[306]

Zwischen der Hoheits- und Privatwirtschaftsverwaltung liegt nur wenig Platz, aber genau in diesem Bereich finden in der Praxis eine Vielzahl von staatlichen Tätigkeiten statt.[307] Das Lehrbuchbeispiel: Der Arbeitsinspektor, der in einen Betrieb „bloß geht und schaut", bewegt sich in dieser Zone. Er ist Staatsorgan, erlässt dabei aber weder einen Bescheid noch schließt er Verträge ab; die Zuordnung zur Hoheitsverwaltung fällt schwer, weil die Merkmale fehlen, welche die Verfassung einem typischen Verwaltungshandeln zuschreibt.[308] Nach hL und Rsp wird der Arbeitsinspektor bei der genannten Tätigkeit im Rahmen der schlichten Hoheitsverwaltung tätig, also einer „potentiell hoheitlichen Verwaltung, die durch Einsatz von imperium zur aktuell hoheitlichen Verwaltung werden kann; es handelt sich bei dieser Form also um eine differenzierte Intensität einer Verwaltungstätigkeit, die insgesamt zum Bereich der Hoheitsverwaltung gehört".[309] Wenn faktische Handlungen stattfinden, die in Vorbereitung oder in Nachbereitung hoheitlicher Akte geschehen und deshalb der schlichten Hoheitsverwaltung zuzuordnen sind, sind diese Handlungen bereits vom Anwendungsbereich des § 78 StPO erfasst.[310] Wenn ein Kommunalbediensteter im Rahmen seines Verantwortungsbereichs Tätigkeiten in der Gemeindekassen- und Buchführung ausübt, handelt er in Vollziehung der Gesetze und somit schlicht hoheitlich.[311] Ist etwa ein Gemeindebediensteter im Rahmen des Kunden- und Bürgerservice für die Beratung und Entgegennahme von Anträgen für den Anschluss an das öffentliche Wasserversorgungsnetz zuständig, bei der die Anschlussgebühren mittels Bescheid festgesetzt werden können, handelt er im Stadium der schlichten Hoheitsverwaltung.[312] Jedenfalls nicht in den Bereich der formellen bzw schlichten Hoheitsverwaltung fallen Tätigkeiten, die beim Betrieb einer Therme durch eine gemeindeeigene Gesellschaft erfolgen.[313]

---

[305] OGH RIS-Justiz RS0130809; *Lenzbauer,* Rechtsschutz, JAP 2014, 20; *Lenzbauer,* Schlichte Hoheitsverwaltung, 1.
[306] *Lenzbauer,* Schlichte Hoheitsverwaltung, 1.
[307] *Lenzbauer,* Schlichte Hoheitsverwaltung, 1.
[308] *Lenzbauer,* Schlichte Hoheitsverwaltung, 1.
[309] VwGH 15.04.2016, Ra 2016/02/0028; *Raschauer,* Verwaltungsrecht^5, Rz 684; *Grabenwarter/Holoubek,* Verfassungsrecht^4, Rz 736, 953, 1013/1, 1013/2.
[310] *Birklbauer,* RFG 2019, 33.
[311] OGH 03.10.2016, 17 Os 36/15w; OGH 09.04.2015, 17 Os 45/14t; *Birklbauer,* RFG 2019, 33.
[312] OGH 06.06.2016, 17 Os 34/15a; *Birklbauer,* RFG 2019, 33.
[313] OGH 19.03.2018, 17 Os 17/17d.

c) Kritik an der hM zum gesetzmäßigen Wirkungsbereich

Die Rsp und hL sind sich weitgehend einig, dass die Anzeigepflicht nur im Rahmen der Hoheitsverwaltung schlagend werden kann. *Schick* teilt diese Einschränkung aufgrund des Ausnahmetatbestands gemäß § 78 Abs 2 Z 1 StPO nicht.[314] Nach dieser Bestimmung entfällt die Pflicht zur Anzeige, wenn „*die Anzeige eine amtliche Tätigkeit beeinträchtigen würde, deren Wirksamkeit eines persönlichen Vertrauensverhältnisses bedarf*". Die Gesetzesmaterialien erläutern dazu, dass das persönliche Vertrauensverhältnis von einem Organ zu einer Person vor allem bei öffentlichen Beratungsstellen und in der Sozialarbeit (bei Sozial-, Familien- und Suchtgiftberatungsstellen sowie bei Lehrtätigkeiten) beeinträchtigt werden könnte, wenn die Organe von diesen Personen über Straftaten anderer erfahren und diese sofort zur Anzeige gebracht werden müssten.[315] In diesem Sinn lauten auch die Ausführungen der Lehre.[316] Das Problem für *Schick* idZ ist, dass etwa den Sozial-, Familien- und Suchtgiftberatungsstellen bei ihrer Tätigkeit generell keine hoheitlichen Befugnisse zukommen.[317] Wenn § 78 Abs 1 StPO nur im Bereich der Hoheitsverwaltung und der Gerichtsbarkeit anwendbar wäre, wozu sollte der Gesetzgeber dann in Abs 2 Z 1 eine Ausnahme für Dienststellen normieren, die schon nicht unter Abs 1 subsumierbar sind?[318] Die Ausnahmeregelung in § 78 Abs 2 Z 1 StPO würde für *Schick* somit keinen Sinn ergeben.[319]

Schwaighofer jedoch pflichtet *Schick* nicht bei.[320] Zweifellos könnten die beiden Absätze in ein vernünftiges Verhältnis zueinander gebracht werden.[321] Er begründet dies damit, dass Behörden und öffentliche Dienststellen im Rahmen ihrer hoheitlichen Funktionsausübung, die grundsätzlich unter den Anwendungsbereich des § 78 Abs 1 StPO fällt, daneben Tätigkeiten im Hoheitsbereich ausführen können, bei denen § 78 Abs 2 Z 1 StPO durchaus zu berücksichtigen ist.[322] *Schwaighofer* nennt als Beispiel den Bereich der Kinder- und Jugendhilfe, bei der die Bezirksverwaltungsbehörde als Sicherheitsbehörde im Rahmen der Erziehungshilfe hoheitlich tätig werden kann.[323]

---

314 *Schick*, RZ 1994, 208f.
315 ErläutRV 924 BlgNR 18, GP 21.
316 *Schwaighofer,* WK-StPO § 78 Rz 22; *Koller* in: Schmölzer/Mühlbacher, StPO § 78 Rz 19; *Hinterhofer/Oshidari,* Strafverfahren, Rz 3.18; *Nimmervoll,* Strafverfahren^2, 63; *Seiler,* Strafprozessrecht^{17}, Rz 617.
317 *Schick,* RZ 1994, 213.
318 *Schick,* RZ 1994, 213.
319 *Schick,* RZ 1994, 213; *Schick* folgend *Wehinger,* EF-Z 2013, 158 f.
320 *Schwaighofer,* WK-StPO § 78 Rz 15.
321 *Schwaighofer,* WK-StPO § 78 Rz 15.
322 *Schwaighofer,* WK-StPO § 78 Rz 15.
323 *Schwaighofer,* WK-StPO § 78 Rz 15.

Auch die Kinder- und Jugendhilfe selbst kann hoheitlich tätig werden, etwa wenn ein Bewilligungsbescheid für ein privates Pflegeverhältnis erteilt wird.[324] Strittig ist jedoch der Fall, in dem der Kinder- und Jugendhilfeträger bei Gefahr in Verzug tätig wird und zwangsweise eine Kindesabnahme gegen den Willen der Eltern selbst durchführt. Nach der Rsp des OGH sind dies zweifellos typische hoheitliche Handlungen.[325] Der VwGH und der VfGH verneinen jedoch einen Hoheitsakt, da diese Entziehungsmaßnahmen bei Gefahr in Verzug in Anlehnung an § 211 ABGB Maßnahmen der Privatwirtschaftsverwaltung darstellen.[326] *Schwaighofer* geht in diesem Fall von seiner früheren Auffassung ab und schließt sich der Meinung der Gerichtshöfe des öffentlichen Rechts an.[327] Soweit die öffentlichen Dienststellen der Kinder- und Jugendhilfe Beratungstätigkeiten durchführen, unterlägen sie von vornherein nicht der Anzeigepflicht. Der Kinder- und Jugendhilfeträger handelt demzufolge nur selten im gesetzmäßigen Wirkungsbereich, weshalb für den Anwendungsbereich des § 78 Abs 2 StPO nur sehr wenig Platz bleibt.[328]

Wehinger folgt der Auffassung *Schicks,* dass § 78 Abs 2 Z 1 StPO fruchtlos wäre, wenn eine Anzeigepflicht rein auf hoheitliche Handlungen beschränkt wäre.[329] Sie führt als eigenen Lösungsansatz an, dass der Gradmesser für die Einreihung, was den gesetzmäßigen Wirkungsbereich betrifft, nicht die Frage sein darf, ob die Kinder- und Jugendhilfe tatsächlich hoheitlich tätig wird.[330] Die Frage ist, ob der gesetzmäßige Wirkungsbereich auch jene Bereiche umfasst, die zur abstrakten Befugnis der Ausübung von Hoheitsverwaltung gehören und sich die verdächtige Straftat gegen ein Rechtsgut richtet, zu dessen Schutz die Behörde oder öffentliche Dienststelle berufen ist".[331]

Zenz und *Jehle* argumentieren, dass nicht alle Adressaten des § 78 StPO im Hoheitsbereich handeln müssen, um den Begriff des gesetzmäßigen Wirkungsbereichs zu erfüllen.[332] Aus einem Schreiben des BMJ[333] und den Gesetzesmaterialien[334] zum StPRÄG 1993 leiten sie ab, dass nur Behörden alleine die Voraussetzung der Hoheitlichkeit erfüllen müssen, öffentliche Dienststellen hingegen könnten im

---

324 § 21 Abs 1 B-KJHG 2013 BGBl I 2013/69 idF BGBl 2018/32.
325 OGH RIS-Justiz RS0120111; OGH 24.06.2005, 1 Ob 49/05w; OGH 27.09.2005, 1 Ob 58/05v; OGH 17.07.2014, 4 Ob 45/14t; ebenso *Schwaighofer,* WK-StPO § 78 Rz 15.
326 VfGH 20.06.2007, B881/06; VwGH 22.09.1995, 93/11/0221.
327 *Schwaighofer,* WK-StPO § 78 Rz 15.
328 *Schwaighofer,* WK-StPO § 78 Rz 15; *Schwaighofer* folgend *Rass-Schell,* iFamZ 2011, 115f.
329 *Wehinger*, EF-Z 2013, 161.
330 *Wehinger*, EF-Z 2013, 161.
331 *Wehinger*, EF-Z 2013, 161.
332 *Zenz,* Anzeigepflicht, 83; *Jehle*, Anzeigepflicht, 42.
333 JMZ 415.003/31-II 3/1996, 3.
334 JAB 1157 BlgStenProtNR 18, GP, 8; ErläutRV 924 BlgNR 18, GP 20.

gesetzmäßigen Wirkungsbereich – außerhalb der Hoheitsverwaltung bzw der Gerichtsbarkeit – anzeigepflichtig werden. *Zenz* und *Jehle* verneinen demzufolge für öffentliche Dienststellen einen zwingenden Hoheitsbezug.[335]

d) Stellungnahme

Nach dem Erörterten liefert mE die Rsp und hL die richtigen Argumente für die Zuordnung einer Verwaltungshandlung zum gesetzmäßigen Wirkungsbereich einer Behörde oder öffentlichen Dienststelle gemäß § 78 StPO. Eine einschlägige Verwaltungshandlung iSd Bestimmung liegt nur dann vor, wenn die Behörde oder öffentliche Dienststelle hoheitlich agiert, also mit „imperium" auftritt. Die Ansätze von *Schick* und *Wehinger* sollten allerdings nicht gänzlich negiert werden. Der Gesetzgeber führt in den Materialien zur Ausnahme von einer Anzeigeverpflichtung ausdrücklich an, dass ein Vertrauensverhältnis nach § 78 Abs 2 Z 1 StPO „vor allem bei öffentlichen Beratungsstellen sowie im Bereich der Sozialarbeit öffentlicher Stellen und der Pädagogik" von Bedeutung sein soll.[336] Also insbesondere bei jenen Einrichtungen, wo die „Inanspruchnahme, Betreuung und der Beratungserfolg davon abhängen können, dass die anvertrauten Umstände vertraulich behandelt und nicht zum Gegenstand einer Anzeige gemacht werden".[337] Der Gesetzgeber nennt als Beispiel „Mitarbeiter von Jugendämtern, Sozial-, Familien- und Suchtgiftberatungsstellen sowie Bewährungshelfer".[338] Da diese Beratungstätigkeiten allerdings im Kern keine hoheitlichen Verwaltungsagenden darstellen, scheint der Ausnahmetatbestand des § 78 Abs 2 Z 1 StPO einen doch sehr eingeschränkten Anwendungsbereich zu haben. Der Gesetzgeber hat im Rahmen zum StPRÄG 1993 angeführt, dass § 84 StPO[339] (nunmehr § 78 StPO) eine „möglichst klare und unmissverständliche Handlungsanleitung" geben soll.[340] Dieses Vorhaben erscheint mir nicht geglückt zu sein.

3. Kreis der anzuzeigenden Delikte

a) Garantenstellung

---

[335] *Zenz,* Anzeigepflicht, 84; *Jehle*, Anzeigepflicht, 42.
[336] ErläutRV 924 BlgNR 18, GP 21.
[337] ErläutRV 924 BlgNR 18, GP 21.
[338] ErläutRV 924 BlgNR 18, GP 21.
[339] StPO 1975 BGBl 1975/631 idF BGBl 1993/526.
[340] JAB 1157 BlgStenProtNR 18, GP, 8.

Um zu konkretisieren, welche strafrechtlich relevanten Verfehlungen nun tatsächlich von der entsprechenden Behörde oder öffentlichen Dienststelle anzeigepflichtig sind, ist an den Begriff der Garantenstellung der jeweiligen Institution zur Wahrung bestimmter Vollzugszwecke bzw von dieser zu schützenden Rechtsgütern anzuknüpfen.[341] Jeder Behörde oder öffentlichen Dienststelle sind öffentliche Aufgaben übertragen, die sie mit hoheitlichen Mitteln zu vollziehen hat.[342] Wenn diese Vollziehungsziele (im Rahmen ihres amtlichen, hoheitlichen Zuständigkeitsbereichs) durch eventuelle Straftaten gefährdet werden, muss die Behörde oder öffentliche Dienststelle einschreiten, gegebenenfalls durch eine Anzeige gemäß § 78 StPO.[343]

b) Konkrete Delikte

Der Kreis der anzuzeigenden Delikte lässt sich anhand folgender Beispiele darstellen: Die Kriminalpolizei, die Staatsanwaltschaft sowie die Strafgerichte haben die Interessen des Staates in der Rechtspflege zu wahren; diese Strafverfolgungsbehörden sind als Garanten zur Strafverfolgung idR von Amts wegen verpflichtet bei entsprechendem Verdacht einer Straftat Ermittlungs- und Aufklärungsmaßnahmen einzuleiten.[344] Durch Korruption, Amtsmissbrauch oder durch Widerstand gegen die Staatsgewalt wird jede hoheitliche Vollziehung beeinträchtigt, darum müssen diese Straftaten von jeder Behörde oder öffentlichen Dienststelle, unabhängig von ihrem definierten hoheitlichen Zuständigkeitsbereich, verfolgt bzw angezeigt werden.[345] Anzuzeigen sind ferner alle Straftaten, die von den Bediensteten selbst (im Innenverhältnis) bei ihren amtlichen Tätigkeiten begangen werden (bspw durch Ausnutzung ihrer Amtsstellung).[346] Je nach hoheitlichem Aufgabenbereich bestehen für die Behörden und öffentlichen Dienststellen Anzeigepflichten entsprechend ihrem Zuständigkeitsbereich im Außenverhältnis.[347] Den Umweltschutzbehörden obliegt es, einschlägige Umweltdelikte bzw Gemeingefährdungsdelikte anzuzeigen; Wahlbehörden haben Strafdelikte im Zusammenhang mit politischen Wahlen anzuzeigen; Baubehörden müssen Straftaten anzeigen, die bspw durch eine gefährliche Bauführung begangen wurden; Universitäten wiederum werden

---

[341] *Schmoller*, Anzeigepflicht und Amtsmissbrauch, 3; *Wessely*, ZfV 1996, 819; *Medigovic*, JBl 1992, 425; vgl *Wehinger*, EF-Z 2013, 161.

[342] *Schmoller*, Anzeigepflicht und Amtsmissbrauch, 4.

[343] *Schmoller*, Anzeigepflicht und Amtsmissbrauch, 4; *Medigovic*, JBl 1992, 425; *Wessely*, ZfV 1996, 819.

[344] *Marek/Jerabek*, Korruption und Amtsmissbrauch[12], § 302 Rz 35a; *Schmoller*, Anzeigepflicht und Amtsmissbrauch, 4; *Wessely*, ZfV 1996, 819; *Medigovic*, JBl 1992, 425.

[345] *Schmoller*, Anzeigepflicht und Amtsmissbrauch, 4.

[346] *Schmoller*, Anzeigepflicht und Amtsmissbrauch, 4; *Medigovic*, JBl 1992, 426; vgl *Schwaighofer*, WK-StPO § 78 Rz 11 f; *Paulitsch/Koukol*, RFG 2018, 46.

[347] *Schmoller*, Anzeigepflicht und Amtsmissbrauch, 4.

bzgl Straftaten in Bezug auf den Studienbetrieb anzeigepflichtig (zB die Fälschung des Studentenausweises, das den Straftatbestand der Urkundenfälschung erfüllt).[348] Die auf Landesebene eingerichtete Kommunalaufsicht wird nach § 78 StPO anzeigepflichtig, wenn ihr im Rahmen ihrer aufsichtsbehördlichen Tätigkeit der Verdacht einer Straftat von Gemeindeorgangen bekannt wird.[349] Dabei spielt es keine Rolle, ob das Gemeindeorgan in ihrer Funktion eine Straftat innerhalb der Privatwirtschaftsverwaltung (zb Untreue nach § 153 StGB) oder innerhalb der Hoheitsverwaltung (zb Amtsmissbrauch nach § 302 StGB) verwirklicht hat; denn Anknüpfungspunkt der Anzeigepflicht ist der gesetzmäßige Wirkungsbereich der Aufsichtsbehörde und dieser erstreckt sich über den gesamten Wirkungsbereich der Gemeindeverwaltung.[350]

Eine exakte Abgrenzung im Zusammenhang mit der Garantenstellung zum hoheitlichen Zuständigkeitsbereich einer Behörde ist nicht immer möglich, es wird vielmehr stets individuell zu prüfende Grenzfälle geben.[351] Von der Anzeigepflicht jedenfalls auszuschließen sind nach der hL aber alle Straftaten von außenstehenden Personen, die in keinerlei Verbindung zum hoheitlichen Zuständigkeitsbereich einer Behörde oder öffentlichen Dienststelle stehen.[352]

4. Beispiele aus der Kommunalverwaltung

Wird dem Bürgermeister ein Vorteil vom Bauwerber angeboten (zB eine hohe Geldsumme), damit dieser pflichtwidrig eine Baugenehmigung erteilt (Korruptionsdelikt der Bestechung nach § 307 StGB), muss der Bürgermeister aufgrund von § 78 StPO die Kriminalpolizei oder die Staatsanwaltschaft über das Vorgehen des Bauwerbers informieren.[353] Wenn im Alternativbeispiel der Gewerbetreibende dem Amtsleiter einer Gemeinde unter Gewährung eines persönlichen Vorteils Büromaterial anbietet (Bestimmung zur Untreue gemäß 153 StGB), besteht für den Amtsleiter keine Anzeigepflicht nach § 78 StPO, da sich der Sachverhalt nicht im gesetzmäßigen (hoheitlichen) Wirkungsbereich der Gemeinde zuträgt.[354] Veruntreut hingegen der Amtsleiter Gelder der Gemeinde innerhalb der Privatwirtschaftsverwaltung, muss mE der Bürgermeister Anzeige nach § 78 StPO erstatten, da das gesetzmäßige (hoheitliche)

---

348 *Schmoller*, Anzeigepflicht und Amtsmissbrauch, 5; vgl *Medigovic*, JBl 1992, 426.
349 *Wessely*, ZfV 1996, 819.
350 Etwa § 97 Abs 1 Oö Gemeindeordnung LGBl 1990/91 idF LGBl 2019/16; Vgl *Wessely*, ZfV 1996, 819.
351 *Schmoller*, Anzeigepflicht und Amtsmissbrauch, 5.
352 *Hinterhofer/Oshidari*, Strafverfahren, Rz 3.1; *Schwaighofer*, WK-StPO § 78 Rz 13; *Schmoller*, Anzeigepflicht und Amtsmissbrauch, 5.
353 *Paulitsch/Koukol*, RFG 2018, 46.
354 *Paulitsch/Koukol*, RFG 2018, 46.

Aufsichtsrecht des Bürgermeisters gegenüber dem Amtsleiter alle Bereiche der Gemeindeverwaltung betrifft.[355]

In einem anderen Beispiel nimmt die Gemeindeaufsichtsbehörde bei ihrer Prüfungstätigkeit an, dass der Gemeindevorstand entgegen den gesetzlichen Vorgaben einem Gemeindebeamten durch Beschluss eine wiederholte Jubiläumsabgeltung zukommen hat lassen, obwohl dem Entscheidungsgremium die dazu fehlenden rechtlichen Voraussetzungen vollinhaltlich bekannt gewesen seien. Die Aufsichtsbehörde hat den Gemeindevorstand aufgrund von § 78 StPO anzuzeigen, falls sie den Verdacht hegt, ein relevanter Straftatbestand sei erfüllt (in diesem Fall wohl Untreue gemäß 153 StGB).[356]

Als weiteres Fallbeispiel zur nicht immer einfachen Abgrenzung von amtlichen Tätigkeiten innerhalb bzw außerhalb des gesetzmäßigen Wirkungsbereichs einer Behörde oder öffentlichen Dienststelle dient folgender Sachverhalt, mit dem sich jüngst der OGH beschäftigt hat:[357] Eine oberösterreichische Stadtgemeinde betreibt ein öffentliches Erlebnisbad mit Sauna. Eine dort tätige Kassiererin hat über einen mehrere Jahre hindurch währenden Zeitraum das von den Kunden eingenommene Bargeld nicht zur Gänze auf das vorgesehene Konto der Gemeinde überwiesen, sondern einen Teil davon, iHv über 380.000 Euro, für eigene Zwecke verwendet (Straftatbestand der Veruntreuung nach § 133 StGB). Dem Leiter der Abteilung (ein Beamter), unter dessen Aufsicht die Verwaltung des Erlebnisbades der Stadtgemeinde stattgefunden hat, wurde durch das Welser Schöffengericht vorgeworfen, er hätte seinen bestehenden Verdacht auf Veruntreuung der Gelder durch die besagte Kassiererin nicht seinem zuständigen Vorgesetzten gemeldet. Aus diesem Grund wurde er vom Erstgericht des Amtsmissbrauchs nach § 302 StGB für schuldig gesprochen. In seiner rechtlichen Beurteilung bestätigte der OGH, dass der Betrieb des Erlebnisbades der Privatwirtschaftsverwaltung zuzurechnen ist. Anderer Ansicht als das Schöffengericht war jedoch der OGH bei der zu beurteilenden Rechtsfrage, ob die Aufsicht des Abteilungsleiters gegenüber der ihm unterstellten Kassiererin der Hoheitsverwaltung zuzurechnen ist (Vorausssetzung für eine Strafbarkeit nach § 302 StGB). Das Höchstgericht verneinte dies mit der Begründung, dass der leitende Beamte über die ordentliche privatwirtschaftliche Abwicklung der Einkünfte, nicht aber für die hoheitliche Kassen- und Buchführung der Stadtgemeinde zuständig ist. Deshalb scheide idZ auch

---

355 Etwa § 51 Abs 2 Salzburger Gemeindeordnung 2019 LGBL 2020/9 idF LGBl 2020/99.
356 LRH-140000-4/24-2018-HAM, 88.4; Gem-512.106/3-2013-Wit/Neu, 21; vgl *Wessely*, ZfV 1996, 822.
357 OGH 25.09.2017, 17 Os 12/17v.

eine behördliche Anzeigepflicht nach § 78 StPO aus; denn diese Pflicht treffe nur Adressaten im Rahmen ihrer jeweiligen hoheitlichen Befugnisse. Der OGH führte in seinem Urteil aus, dass Gesetze und entsprechende Dienstanweisungen, die weitergehende Meldepflichten von Beamten auch außerhalb der Hoheitsverwaltung anordnen, für eine Strafbarkeit nach § 302 StGB ohne Belang sind, weil interne behördliche Meldepflichten keinen Bezug zu hoheitlichem Handeln im Außenverhältnis aufweisen.

Aus diesem höchstgerichtlichen Urteil kann deutlich abgeleitet werden, dass eine Pflicht zum Tätigwerden nach § 78 StPO ausschließlich im jeweiligen konkreten, hoheitlichen Aufgabenfeld der betreffenden Behörde oder öffentlichen Dienststelle begründet werden kann.[358]

D. Taugliche Adressaten der Anzeige

Liegt bei einer Behörde oder öffentlichen Dienststelle ein Verdacht einer Straftat iSd § 78 StPO vor, so hat diese die Pflicht, darüber die Staatsanwaltschaft oder die Kriminalpolizei zu verständigen. Diesen Institutionen obliegt im Anschluss die Aufgabe, den angezeigten Verdacht zu definieren bzw zu konkretisieren und ihn ausschließlich in ihrem Sinne aufzuklären.[359] Durch die Konjunktion „oder“ im Gesetzeswortlaut darf die anzeigepflichtige Person alternativ zwischen den beiden Empfängerbehörden wählen.[360] Unerheblich ist, ob sich die Anzeige an eine örtlich oder sachlich unzuständige Kriminalpolizei oder Staatsanwaltschaft richtet, dies erläutern ausdrücklich die Gesetzesmaterialien.[361] Keinesfalls kann und darf die Anzeige abgewiesen werden.[362] Bei einer unzuständigen Staatsanwaltschaft einlangende Anzeigen sind nach § 25a Abs 2 StPO an die zuständige Stelle weiterzuleiten.[363] Die Kriminalpolizei hat gemäß § 99 StPO Abs 1 vorzugehen und muss von Amts wegen aufgrund der Anzeige ermitteln.[364] Eine Unzuständigkeitsregelung für die Kriminalpolizei ist in der StPO nicht ausdrücklich zu finden, jedoch kann für sie nichts anderes gelten als für die unzuständige Staatsanwaltschaft; die Kriminalpolizei hat in diesem Fall die aufgenommene Anzeige an das zuständige Organ der Kriminalpolizei bzw der zuständigen Staatsanwaltschaft zu

---

358 Vgl *Birklbauer,* RFG 2019, 33.
359 *Oberlaber*, ÖJZ 2018, 67; OLG RIS-Justiz RG0000097; OLG 13.06.2013, 10 Bs 139/13m.
360 *M. Brandstetter,* Amtsanzeige, 114.
361 ErläutRV 924 BlgNR 18, GP 20.
362 *M. Brandstetter,* Amtsanzeige, 114.
363 *Schwaighofer,* WK-StPO § 78 Rz 20.
364 *M. Brandstetter,* Amtsanzeige, 115; *Bachner-Foregger,* StPO^{24}, 146.

übermitteln.[365]

E. Ausnahmen von der Anzeigepflicht

1. Anzeigepflicht im Verhältnis zur Amtsverschwiegenheit

Die in Art 20 Abs 3 B-VG verfassungsrechtlich normierte Amtsverschwiegenheit, geltend für *„alle mit Aufgaben der Bundes-, Landes- und Gemeindeverwaltung betrauten Organe sowie die Organe anderer Körperschaften des öffentlichen Rechts“*, würde eine Ausnahme der Anzeigepflicht bewirken, wäre nicht mittels Gesetzesvorbehalt ebenfalls in Abs 3 die Möglichkeit geschaffen worden, die Amtsverschwiegenheit einzuschränken.[366] Nach hL und Rsp stellt die strafprozessuale Anzeigepflicht eine solche Einschränkung dar, denn „was gemäß § 78 StPO der Anzeigepflicht unterliegt, kann nicht zugleich Gegenstand der Amtsverschwiegenheit gegenüber der Kriminalpolizei oder der Staatsanwaltschaft sein“.[367] Für *Schwaighofer* ist diese Meinung jedoch insbesondere in den Fällen des § 78 Abs 2 Z 1 StPO nicht jedenfalls zutreffend, da hier stets eine Interessensabwägung stattzufinden hat, ob durch die Anzeige eine amtliche Tätigkeit beeinträchtigt würde, die auf einem persönlichen Vertrauensverhältnis beruht.[368] Des Weiteren sei für Behörden und öffentliche Dienststellen aufgrund anderer gesetzlicher Bestimmungen, bspw nach § 13 Abs 2a SMG (bei bestimmten Suchtmitteldelikten ist anstatt der Anzeige an die Strafverfolgungsbehörden nur eine Meldung an die Gesundheitsbehörde zu tätigen), der Amtsverschwiegenheit der Vorrang einzuräumen.[369]

2. Ausnahmen gemäß § 78 Abs 2 und Abs 3 StPO

a) Allgemeines

Nach den untersuchten engen Voraussetzungen, die überhaupt erst zum Entstehen einer Anzeigepflicht gemäß § 78 Abs 1 StPO führen, normiert Abs 2 zwei ausdrückliche

---

365 *Hinterhofer/Oshidari,* Strafverfahren, Rz 3.24.

366 *M. Brandstetter,* Amtsanzeige, 180.

367 OGH RIS-Justiz RS0097139; OGH 03.07.2003, 12 Os 106/02; *Fabrizy,* StPO[13] § 78 Rz 1; *Koller* in: Schmölzer/Mühlbacher, StPO § 78 Rz 17; *Hinterhofer/Oshidari,* Strafverfahren, Rz 3.17.

368 *Schwaighofer,* WK-StPO § 78 Rz 34.

369 Näher *Schwaighofer,* WK-StPO § 78 Rz 34.

Ausnahmen von der Anzeigepflicht.[370] Einerseits entfällt nach Z 1 leg cit die Anzeigeverpflichtung, *„wenn die Anzeige eine amtliche Tätigkeit beeinträchtigen würde, deren Wirksamkeit eines persönlichen Vertrauensverhältnisses bedarf"* und andererseits nach Z 2 leg cit dann, *„wenn und solange hinreichende Gründe für die Annahme vorliegen, die Strafbarkeit der Tat werde binnen kurzem durch schadensbereinigende Maßnahmen entfallen"*.

Schließlich normiert § 78 Abs 3 StPO eine Art Ausnahme von der Ausnahme.[371] Der Fokus bei Abs 3 liegt beim Opferschutz; denn unabhängig von den Ausnahmetatbeständen nach § 78 Abs 2 StPO müssen die Behörden und öffentlichen Dienststellen alles unternehmen, was zum Schutz des unmittelbaren Opfers, aber auch zum Schutz anderer Personen notwendig ist.[372] Aufgrund dieses Opferschutzgedankens hat notfalls – auch bei Vorliegen eines Ausnahmegrundes nach § 78 Abs 2 StPO – Anzeige erstattet zu werden.[373]

b) Persönliches Vertrauensverhältnis

Die Ausnahme nach § 78 Abs 2 Z 1 StPO dient der Ermöglichung einer effektiven Beratungs- oder Betreuungstätigkeit.[374] Bereits die Gesetzesmaterialien sprechen ausführlich davon, dass bei öffentlichen Beratungsstellen, in der Sozialarbeit sowie in der Pädagogik ein persönliches Vertrauensverhältnis überall dort Grundvoraussetzung ist, wo der positive Beratungserfolg davon abhängig ist und nennen unter anderem als Beispiele Jugendämter, Suchtgiftberatungsstellen, Bewährungshelfer, Lehrer und Schulärzte.[375] Schon das erste Aufsuchen dieser Beratungsstellen von den betroffenen Personen hängt idR von der vorab zugesicherten Vertraulichkeit ab.[376] Dem Opfer ist die Ausnahme von der Anzeigepflicht dienlich, weil bspw das minderjährige Sexualopfer einerseits nicht ein für sie belastendes Strafverfahren durchlaufen muss und andererseits aber der Täter selbst eine Therapie beginnen kann, bei dem er nicht durch das gleichzeitige Strafverfahren am Heilungsverlauf gestört wird, das wiederum zum künftigen Opferschutz beitragen könnte.[377] Es muss eine umfassende, berufsbezogene Interessensabwägung dahingehend angestellt werden, ob der Opferschutz höher wiegt

---

370 *M. Brandstetter,* Amtsanzeige, 180.
371 *M. Brandstetter,* Amtsanzeige, 190.
372 *Hinterhofer/Oshidari,* Strafverfahren, Rz 3.18.
373 *Hinterhofer/Oshidari,* Strafverfahren, Rz 3.18.
374 *Schwaighofer,* WK-StPO § 78 Rz 22; *Bachner-Foregger,* StPO^{24}, 124.
375 ErläutRV 924 BlgNR 18, GP, 20.
376 *M. Brandstetter,* Amtsanzeige, 183; *Schwaighofer,* WK-StPO § 78 Rz 23.
377 *M. Brandstetter,* Amtsanzeige, 184; vgl *Kletecka-Pulker,* Ärztliche Anzeigepflicht, 177 f.

als die strafrechtliche Täterverfolgung.[378] Bei Sexualdelikten ist im Strafverfahren der Opferschutz bereits sehr umfassend berücksichtigt (zB durch die Möglichkeit der kontradiktorischen Vernehmung); die Interessensabwägung nach § 78 Abs 2 Z 1 StPO sollte infolgedessen nicht zu stark gegen eine rechtliche Sanktionierung des Täters gerichtet sein.[379] Seit der Strafprozessrechtsnovelle 2002 ist mit der Einführung des § 78 Abs 3 StPO jedoch klar, dass jedenfalls der Schutz des Opfers an erster Stelle zu stehen hat und der Täter einer strafrechtlichen Verfolgung zugeführt werden muss, wenn „ohne Anzeige eine erhebliche Gefahr besteht, dass es zu Angriffen auf die physische und psychische Integrität von Personen kommt".[380] Das Unterlassen der Anzeige darf keine (weiteren) nachteiligen Auswirkungen für das Opfer der Tat haben.[381] Die Behörden und öffentlichen Dienststellen müssen selbstverständlich die Ausnahmetatbestände nur beachten, falls sie im Rahmen ihrer hoheitlichen Tätigkeit grundsätzlich einer Anzeigeverpflichtung unterliegen. So sind insbesondere alle Tätigkeiten von öffentlichen und privaten Beratungs- und Betreuungseinrichtungen außerhalb der Hoheitsverwaltung von vornherein nicht von der Anzeigepflicht gemäß § 78 StPO berührt (siehe bereits oben II. C. 2. c)).[382]

c) Schadenswiedergutmachung

Sofern genügend Gründe darauf hinweisen, dass die Strafbarkeit aufgrund schadensbereinigender Maßnahmen entfällt, muss nach § 78 Abs 2 Z 2 StPO ebenfalls keine Anzeige erstattet werden.[383] Nach den Gesetzesmaterialien wurde diese Ausnahme aus kriminalpolitischen Gründen im Jahr 1993 eingeführt, um die Resozialisierung des Täters zu erreichen sowie ihn zur Wiedergutmachung der Tat anzuregen; es sollte ein Zeichen dafür gesetzt werden, dass die Wiederherstellung des Rechtsfriedens Vorrang gegenüber der Strafverfolgung hat.[384]

Hauptanwendungsfall der Wiedergutmachung ist das Rechtsinstitut der Tätigen Reue nach § 167 StGB.[385] Der nach § 78 StPO verpflichtete Organwalter kann den einer Vermögensstraftat Verdächtigen anstatt ihn sogleich anzuzeigen daher zunächst mit

---

[378] *Fabrizy*, StPO[13] § 78 Rz 4; *Schwaighofer*, WK-StPO § 78 Rz 25; *M. Brandstetter*, Amtsanzeige, 184; *Hinterhofer/Oshidari*, Strafverfahren, Rz 3.18.
[379] *Schick*, RZ 1994, 213.
[380] *Schwaighofer*, WK-StPO § 78 Rz 26; *Hinterhofer/Oshidari*, Strafverfahren, Rz 3.18.
[381] *Seiler*, Strafprozessrecht[17], Rz 618.
[382] *Schwaighofer*, WK-StPO § 78 Rz 22.
[383] *Schwaighofer*, WK-StPO § 78 Rz 28.
[384] ErläutRV 924 BlgNR 18, GP, 21.
[385] *Hinterhofer/Oshidari*, Strafverfahren, Rz 3.19; *Schwaighofer*, WK-StPO § 78 Rz 29; *Birklbauer*, RFG 2019/8, 33.

seinem Verdacht konfrontieren und ihm eine Frist zur Schadensbereinigung einräumen.[386] Um den Schaden jedoch bereinigen zu können, muss freilich ein Schaden eingetreten sein.[387] Der Gesetzgeber verwendet im Ausnahmetatbestand des § 78 Abs 2 Z 2 StPO die Wortfolge *„schadensbereinigende Maßnahmen"*. Deshalb ist für *Brandstetter* und *Oberlaber* als Anwendungsvoraussetzung nicht zwingend eine gänzliche Schadenswiedergutmachung notwendig.[388] Für die Aufhebung der Strafbarkeit nach § 167 StGB genügt schon der Abschluss einer Wiedergutmachungsvereinbarung des Geschädigten mit dem Verdächtigen; diese lebt aber wieder auf, sobald der Vertrag seitens des potentiellen Täters nicht eingehalten wird.[389] Als weitere Voraussetzung des Absehens von der Anzeige muss die schadensbereinigende Maßnahme *„binnen kurzem"* erfolgen. Es kann keine starre Zeitvorgabe zur Wiedergutmachung aus dem Gesetz entnommen werden, der hL erscheint es aber zu genügen, eine Frist von 14 Tagen zu gewähren; dies wird aus der Rsp zu § 167 StGB abgeleitet.[390] In komplizierten Fällen, in denen sich der Schaden nur schwer feststellen lässt, ist aber durchaus ein längerer Zeitraum zur Schadenswiedergutmachung zu veranschlagen.[391] Die Anzeigebefreiung ist in dieser Zeit aufrecht, solange sich der Verdächtige ernsthaft bemüht, den von ihm verursachten Schaden zu beseitigen, widrigenfalls die Anzeigepflicht für die Behörde oder öffentliche Dienststelle wieder auflebt.[392]

d) Ausnahme auch für Strafverfolgungsbehörden

Nicht ganz klar ist, ob die beiden Ausnahmetatbestände des § 78 Abs 2 StPO auch von den Strafverfolgungsbehörden anzuwenden sind; Z 1 leg cit ist wohl nicht anwendbar, da ein schützenswertes Vertrauensverhältnis von Organen der Sicherheitsbehörden zum Verdächtigen für gewöhnlich nicht angenommen werden kann. Eine rechtzeitige Schadenswiedergutmachung nach Z 2 leg cit ist gleichfalls kaum möglich, da ab jenem Zeitpunkt, ab dem die Strafverfolgungsbehörden von der Straftat erfahren haben, die tätige Reue per se ausgeschlossen ist.[393] Greift demnach ein Polizist in die Handkassa

---

386 *Schwaighofer,* WK-StPO § 78 Rz 29; *Hinterhofer/Oshidari,* Strafverfahren, Rz 3.19.
387 *M. Brandstetter,* Amtsanzeige, 187.
388 *M. Brandstetter,* Amtsanzeige, 187; *Oberlaber,* RZ 2017, 98.
389 *Schwaighofer,* WK-StPO § 78 Rz 31; *M. Brandstetter,* Amtsanzeige, 190.
390 *Schmoller,* Anzeigepflicht und Amtsmissbrauch, 8; *Schwaighofer,* WK-StPO § 78 Rz 31; *M. Brandstetter,* Amtsanzeige, 190.
391 *Schmoller,* Anzeigepflicht und Amtsmissbrauch, 8; *Schwaighofer,* WK-StPO § 78 Rz 31.
392 *M. Brandstetter,* Amtsanzeige, 189.
393 *Schwaighofer,* WK-StPO § 78 Rz 32; *M. Brandstetter,* Amtsanzeige, 194; *Paulitsch/Koukol,* RFG 2018, 47.

seiner Behörde, dürfte der Behördenleiter den Polizisten nicht mit der Tat und der gleichzeitigen Möglichkeit der strafbefreienden Schadenswiedergutmachung konfrontieren, sondern er müsste sofort Anzeige erstatten.[394] *Schwaighofer* geht aber davon aus, dass in dieser Situation der Behördenleiter nicht in seiner Funktion als Strafverfolgungsorgan tätig wird, sondern von der Straftat als Dienstvorgesetzter erfährt. In diesem Fall sei daher die Verpflichtung zur unmittelbaren Anzeigeerstattung nicht gegeben und es bestünde auch für den Polizisten die Chance der Schadenswiedergutmachung.[395]

3. Systemimmanente Ausnahmen

a) Nemo tenetur Grundsatz

Art 92 Abs 2 B-VG normiert den Anklageprozess, woraus der OGH seit dem Jahr 1966 das verfassungsrechtliche Verbot der Selbstbezichtigung ableitet, das als „nemo tenetur se ipsum accusare"-Grundsatz ansonsten nicht ausdrücklich in der Verfassung verankert ist.[396] Der EGMR leitet dasselbe Prinzip aus Art 6 Abs 1 und 2 EMRK ab.[397] Sollte ein Organwalter selbst eine Straftat begangen haben, kann diesem folglich nicht abverlangt werden, sich selbst nach § 78 StPO anzeigen zu müssen, da eine derartige Verpflichtung eine Verfassungswidrigkeit darstellen würde.[398] *Brandstetter* leitet dieses Verbot auch aus § 78 StPO selbst ab, da die jeweiligen Organwalter nur Straftaten aus ihrem „gesetzmäßigen" Wirkungsbereich und nicht aus ihrem „gesetzwidrigen" Wirkungsbereich anzuzeigen haben.[399]

b) Anzeigepflicht versus Weisungsgebundenheit

Art 20 Abs 1 B-VG normiert das Prinzip der Weisungsgebundenheit der einzelnen Verwaltungsorgane gegenüber den ihnen vorgesetzten Organen. In den einschlägigen Dienstvorschriften der öffentlichen Verwaltung finden sich diese Gehorsamspflichten wieder (etwa in § 44 BDG, § 47 Oö LBG oder § 7 Oö LVBG).[400] Jedoch hat der

---

394 *Schick*, RZ 1994, 214; *Schwaighofer,* WK-StPO § 78 Rz 33.
395 *Schwaighofer,* WK-StPO § 78 Rz 33; vgl *M. Brandstetter,* Amtsanzeige, 195, 196.
396 *Ebenthaler*, JSt 2018, 209; *Reiter*, RZ 2010, 103; *Hochmayr*, ÖJZ 2006, 936; *Bachner-Foregger*, StPO[24], 30.
397 *Reiter*, RZ 2010, 103.
398 *Hinterhofer/Oshidari,* Strafverfahren, Rz 3.18; OGH RIS-Justiz RS0053673; *M. Brandstetter,* Amtsanzeige, 198; *Mayerhofer/Salzmann*, StPO[6], § 78 Rz 4.
399 *M. Brandstetter,* Amtsanzeige, 198.
400 *Baumgartner*, JAS 2017, 365.

weisungsgebundene Organwalter zwei Ausnahmen von der Gehorsamspflicht zu berücksichtigen: Erfolgt die Weisung von einem unzuständigen Organ oder verstößt die Weisung gegen strafrechtliche Vorschriften, so muss bzw darf die Weisung nicht befolgt werden.[401] Nun stellt sich die Frage, ob eine Weisung an einen nach § 78 StPO anzeigepflichtigen Adressaten auf Unterlassen der Anzeige eine Ausnahme von der Anzeigepflicht darstellt.[402] Eine Unterlassung einer Anzeige gemäß § 78 StPO kann eine Strafbarkeit nach § 302 StGB begründen.[403] Eine Weisung, die das unterworfene Verwaltungsorgan einer Strafbarkeit nach dem Strafgesetzbuch aussetzen würde, ist als eine absolut nichtige Weisung (und als eine strafgesetzwidrige Handlung) zu betrachten und darf keinesfalls befolgt werden.[404] Somit kann eine Weisung zur Nichtanzeige keine systemimmanente Ausnahme zur Anzeigeverpflichtung nach § 78 StPO begründen.[405] Das vorgesetzte Organ, das die rechtswidrige Weisung an das untergebene Organ erteilt, macht sich allenfalls selbst als Bestimmungstäter nach § 302 StGB strafbar.[406] Das führt zu dem bemerkenswerten Ergebnis, dass das angewiesene Organ, um einer eigenen Strafbarkeit wegen Amtsmissbrauchs aufgrund der unterlassenen Anzeige zu entgehen, nicht nur die (nichtige) Weisung nicht befolgen darf, vielmehr hat es stattdessen das vorgesetzte Organ selbst aufgrund dessen strafgesetzwidriger Vorgehensweise eigens nach § 78 StPO anzuzeigen, um sich nicht auch dbzgl der Gefahr einer strafrechtlichen Verfolgung nach § 302 StGB auszusetzen, wenn für das angewiesene Organ die restlichen Voraussetzungen nach § 78 StPO vorliegen.[407] Zur Illustration dient folgendes Beispiel: Dem Bürgermeister sowie dem Amtsleiter einer Gemeinde wird in deren Wirkungsbereich ein bewilligungslos errichtetes Bauwerk bekannt. Der Bürgermeister leitet als Baubehörde keine Maßnahmen ein und weist den Amtsleiter überdies an, in diesem Fall keine weiteren verwaltungsrechtlichen Schritte zu veranlassen. Durch das Unterlassen der dem Bürgermeister obliegenden Maßnahmen zur Wahrung des staatlichen Verfolgungsinteresses (das Recht des Landes auf Bestrafung nach den Verwaltungsvorschriften sowie das Recht auf Beseitigung von rechtswidrig errichteten Bauwerken) macht sich dieser idR des Verbrechens des

---

[401] *Kucsko-Stadlmayer,* Disziplinarrecht⁴, 219; *Baumgartner,* JAS 2017, 368.
[402] *M. Brandstetter,* Amtsanzeige, 197.
[403] *Schwaighofer,* WK-StPO § 78 Rz 36; OGH RIS-Justiz RS0120401; vgl OGH 21.01.2015, 17 Os 47/14m; *Schmitt,* in: Preuschl/Wess, § 302 StGB Rz 35.
[404] *Bertel* in: Höpfel/Ratz, WK-StGB² (2010), § 302 Rz 126; *Kucsko-Stadlmayer,* Disziplinarrecht⁴, 232; OGH RIS-Justiz RS0130392; *Jehle,* Anzeigepflicht, 43; *Kienapfel/Schmoller,* BT III², § 302 Rz 66; *Marek/Jerabek,* Korruption und Amtsmissbrauch¹², § 302 Rz 55; *Bertel/Schwaighofer,* BT II¹³, § 302 Rz 28; *Paulitsch/Koukol,* RFG 2018, 40.
[405] *M. Brandstetter,* Amtsanzeige, 197.
[406] *Bertel* in: Höpfel/Ratz, WK-StGB² (2010), § 302 Rz 122, 124; *Bertel/Schwaighofer,* BT II¹³, § 302 Rz 28; *Paulitsch/Koukol,* RFG 2018, 40.
[407] *M. Brandstetter,* Amtsanzeige, 198.

Amtsmissbrauchs schuldig.[408] Des Weiteren macht er sich durch die rechtswidrige Anweisung an den Amtsleiter, keinerlei Maßnahmen einzuleiten, abermals zum Täter des § 302 StGB in Form der Bestimmungstäterschaft (§ 12 2. Fall StGB).[409] Der Amtsleiter darf der Weisung nicht Folge leisten, da die Befolgung keine rechtfertigende Wirkung für die eigene Strafbarkeit bedeuten würde. Stattdessen hat er den Bürgermeister nach § 78 StPO anzuzeigen, um sich in diesem Fall nicht selbst des Amtsmissbrauchs durch Unterlassen strafbar zu machen.

4. Anwendung in der Kommunalverwaltung

Damit der erste Ausnahmetatbestand des § 78 Abs 2 StPO angewendet werden kann, bedarf es bei der amtlichen Tätigkeit eines persönlichen Vertrauensverhältnisses.[410] Ein solches Vertrauensverhältnis ist vor allem im Bereich der öffentlichen Beratungsstellen bzw im Bereich der Sozialarbeit erforderlich.[411] Der Ausnahmetatbestand soll vorwiegend Personen dienen, die aufgrund ihres geringen Alters, ihrer Erkrankung oder wegen ihrer traumatischen Erlebnisse speziell schutzbedürftig sind.[412] Die gewöhnliche Zusammenarbeit zwischen Mitarbeitern von Behörden und öffentlichen Dienststellen in Gemeinden fällt daher evidenterweise nicht in den Anwendungsbereich dieser Ausnahme, selbst wenn Kollegen in der öffentlichen Verwaltung idealerweise ein vertrauensvolles Verhältnis untereinander aufbauen sollen.[413] Dasselbe gilt für die behördliche Zusammenarbeit zwischen Gemeinden und anderen Gebietskörperschaften sowie für die Zusammenarbeit mit der Gemeindeaufsicht.[414] Sollte das Vertrauensverhältnis nicht in der gewünschten Intensität vorliegen, muss die behördliche Zusammenarbeit in diesen Fällen dennoch gewährleistet sein, daher kann der Ausnahmetatbestand hier nicht greifen.[415] Dies gilt ebenso bei den gewöhnlichen behördlichen Vollziehungstätigkeiten zwischen den Gemeindebehörden und den normunterworfenen Gemeindebürgern.[416]

---

[408] OGH 02.12.2012, 17 Os 8/12y; OGH 27.05.2013, 17 Os 1/13w; RS0102159; vgl OGH 28.09.2010 11 Os 87/10v.
[409] *Paulitsch/Koukol*, RFG 2018, 41; vgl *Bertel/Schwaighofer*, BT II[13], § 302 Rz 28.
[410] ErläutRV 924 BlgNR 18, GP, 20.
[411] *Wessely*, ZfV 1996, 824.
[412] *Schmoller,* Anzeigepflicht und Amtsmissbrauch, 8.
[413] *Schmoller,* Anzeigepflicht und Amtsmissbrauch, 8.
[414] *Schmoller,* Anzeigepflicht und Amtsmissbrauch, 8.
[415] *Schmoller,* Anzeigepflicht und Amtsmissbrauch, 8.
[416] Vgl *Schwaighofer,* WK-StPO § 78 Rz 32.

Der zweite Ausnahmetatbestand des § 78 Abs 2 StPO soll dem Rechtsinstitut der tätigen Reue nach § 167 StGB zur effizienten Ausgestaltung verhelfen.[417] In der Kommunalverwaltung kann daher diese Ausnahmebestimmung nur dann herangezogen werden, wenn es sich tatsächlich um reine Vermögensdelikte, wie bspw eine Veruntreuung, eine Unterschlagung oder einen Diebstahl handelt.[418] Sobald der Verdacht von Korruptionsdelikten im Raum steht, ist die Ausnahme von der Anzeigepflicht per se ausgeschlossen, da vom Gesetzgeber für diese Straftatbestände die Möglichkeit der tätigen Reue nicht vorgesehen ist.[419] Daher muss sich die potentiell anzeigepflichtige Behörde oder öffentliche Dienststelle, bevor sie Überlegungen über den Ausnahmebestand des § 78 Abs 2 Z 2 StPO anstellt, im Klaren sein, welcher konkrete Straftatbestand in Frage kommt. Diese wichtige Kategorisierung ist alles andere als einfach: Wenn etwa der Gemeindesekretär im Namen der Gemeinde dem Bauträger den Auftrag erteilt, bei einem Feuerwehrhaus zum Pauschalpreis von 40.000 Euro den Gebäudeverputz anzubringen und er gleichzeitig mit dem ausführenden Bauträger vereinbart, mit diesem Auftrag dafür auch sein Privathaus im Wert von 10.000 Euro mitverputzen zu lassen, liegt mangels Hoheitsaktes kein Amtsmissbrauch vor, sehr wohl aber ein Vermögensdelikt (zB Untreue oder Betrug).[420] Bei einem solchen Sachverhalt könnte das grundsätzlich anzeigepflichtige Organ Überlegungen anstellen, ob der Gemeindesekretär schadensbereinigende Maßnahmen getätigt hat oder in absehbarer Zeit tätigen wird; anschließend könnte das Organ die Entscheidung treffen, ob eine Anzeige bei der Kriminalpolizei oder Staatsanwaltschaft nach § 78 StPO erforderlich ist. Dieselben Überlegungen sind anzustellen, wenn sich ein Gemeindemitarbeiter Gelder aus der Amtskasse zueignet oder ein Kassier der Bezirkshauptmannschaft Gelder aus Organstrafmandaten für sich verwendet (jeweils Veruntreuung).[421] Schreibt ein Gemeindebeamter jedoch einer abgabepflichtigen Person eine zu geringe Kanalanschlussgebühr vor, damit diese von den Kosten entlastet wird und erleidet die Kommune deshalb entsprechende Vermögenseinbußen, darf das nach § 78 StPO anzeigepflichtige Organ keine weiteren Überlegungen über eine mögliche Schadenswiedergutmachung des Gemeindebeamten anstellen. Denn dieser begeht durch die Falschvorschreibung idR einen Amtsmissbrauch nach § 302 StGB, bei dem der Ausnahmetatbestand des § 78 Abs 2 Z 2 StPO von vornherein ausgeschlossen

---

[417] *Birklbauer*, RFG 2019, 33; *Schwaighofer*, WK-StPO § 78 Rz 29.
[418] *Wessely*, ZfV 1996, 824.
[419] *Wessely*, ZfV 1996, 824.
[420] OGH 09.03.1979, 9 Os 67/68; *Bertel* in: Höpfel/Ratz, WK-StGB² (2010), § 302 Rz 54.
[421] OGH 06.03.1996, 13 Os 184/95; OGH 27.03.1992 12 Os 153/91.

ist; die Behörde oder öffentliche Dienststelle hat in diesem Fall also Anzeige zu erstatten.[422]

[422] OGH 13.10.2014, 17 Os 7/14d; *Birklbauer,* RFG 2019, 33.

IV. Strafbarer Amtsmissbrauch durch Unterlassen der Anzeige

A. Ausgangssituation

Nachdem in den vorherigen Kapiteln untersucht wurde, ob und wann eine Behörde oder öffentliche Dienststelle eine Strafanzeige an die Kriminalpolizei oder an die Staatsanwaltschaft zu erstatten hat, soll nun der Frage nachgegangen werden, unter welchen Voraussetzungen bei gegebener Anzeigeverpflichtung sich der jeweilige Organwalter wegen Amtsmissbrauchs (durch Unterlassen) strafbar macht. Vorweg ist festzuhalten, dass bei einem Beamten, der einer Anzeigeverpflichtung nach § 78 StPO unterliegt und dieser Verantwortung daraufhin nicht nachkommt bzw die Anzeige unterlässt, nicht von vornherein feststeht, ob sich dieser Organwalter gleichzeitig des Amtsmissbrauchs nach § 302 StGB strafbar gemacht hat. Diese Feststellung kann nur durch eine Untersuchung des konkreten Sachverhalts anhand der Amtsmissbrauchsbestimmung selbst ermittelt werden.[423]

B. Grundstruktur des Amtsmissbrauchs mit Bezug zur Kommunalverwaltung

1. Beamter

a) Beamtenbegriff

Unmittelbarer Täter dieser Strafbestimmung kann nur ein österreichischer Beamter iSd StGB sein, somit handelt es sich um ein echtes Sonderdelikt.[424] Nichtbeamte können sich jedoch als Bestimmungs- oder Beitragstäter zum Amtsmissbrauch strafbar machen.[425] Zu beachten ist, dass nicht jeder Beamter im dienstrechtlichen Sinn zwangsläufig auch ein Beamter im strafrechtlichen Sinn ist, dh der Beamtenbegriff nach dem StGB wird rein funktional und somit unabhängig von den Bestimmungen des BDG oder von dienstrechtlichen Ernennungs- oder Anstellungsverhältnissen ausgelegt.[426]

---

[423] *Medigovic*, JBl 1992, 421.

[424] *Bertel* in: Höpfel/Ratz, WK-StGB[2] (2010), § 302 Rz 1; *Bertel/Schwaighofer*, BT II[13], § 302 Rz 1; *Kienapfel/Schmoller*, BT III[2], Vorbem §§ 302 ff Rz 25; *Paulitsch/Koukol*, RFG 2018, 33; *Schmitt*, in: Preuschl/Wess, § 302 StGB Rz 64.

[425] *Bertel* in: Höpfel/Ratz, WK-StGB[2] (2010), § 302 Rz 132f; OGH RIS-Justiz RS0108964; *Paulitsch/Koukol*, RFG 2018, 41; *Schmitt*, in: Preuschl/Wess, § 302 StGB Rz 64.

[426] *Hinterhofer/Rosbaud*, BT II[6], § 302 StGB Rz 4; *Marek/Jerabek*, Korruption und Amtsmissbrauch[12], § 302 Rz 1; *Kienapfel/Schmoller*, BT III[2], Vorbem §§ 302 ff Rz 25; *Jerabek/Reindl-*

Die Legaldefinition des Beamtenbegriffs ist in § 74 Abs 1 Z 4 StGB taxativ normiert.[427] Beamte nach § 74 Abs 1 Z 4 1. Fall StGB sind physische Personen, die bestellt sind, im Namen einer Gebietskörperschaft oder einer anderen Person des öffentlichen Rechts als deren Organe Rechtshandlungen vorzunehmen.[428] Der Bund, die Bundesländer sowie die einzelnen Gemeinden zählen zu den Gebietskörperschaften.[429] Andere Personen des öffentlichen Rechts iSv Z 4 1. Fall leg cit sind bspw die Sozialversicherungsträger, die Arbeiter-, Wirtschafts- oder Landwirtschaftskammer sowie die landesgesetzlich eingerichteten Freiwilligen Feuerwehren, aber auch ein aus einzelnen Gemeinden zusammengeschlossener Gemeindeverband.[430] Rechtshandlungen eines Organs erfolgen durch behördliche Entscheidungen, wie etwa durch Bescheide, Verfügungen, Anordnungen, Weisungen oder Aufträge, die im Namen des Rechtsträgers erfolgen.[431]

Beamte nach § 74 Abs 1 Z 4 2. Fall StGB sind Organe, die mit sonstigen Aufgaben der Bundes-, Landes- oder Gemeindeverwaltung betraut sind.[432] Dieser sehr weit reichende Beamtenbegriff erfasst alle sonstigen Verwaltungsaufgaben von Gebietskörperschaften, die nicht die Qualität von Rechtshandlungen aufweisen müssen.[433] Unter „sonstige Aufgaben" fallen somit solche faktischen Tätigkeiten der öffentlichen Verwaltung, wie etwa das Vorerledigen oder das Vorbereiten von Verfügungen und Entscheidungen, die Protokollführung sowie das Vorlegen von Akten, das Kalendieren von Akten und ähnliche Tätigkeiten.[434] Unerheblich ist dabei, ob diese Tätigkeiten im Rahmen der unmittelbaren staatlichen Verwaltung oder im Rahmen der Selbstverwaltung einer juristischen Person des öffentlichen Rechts ausgeübt werden.[435] Aber nicht jede faktische Tätigkeit in der staatlichen Verwaltung begründet einen Beamtenstatus; denn

---

Krauskopf/Ropper/Schroll in: WK-StGB[2] § 74 Rz 4; OGH 18.10.1977, 9 Os 64/77; *Schmitt*, in: Preuschl/Wess, § 302 StGB Rz 12; *Aichinger*, in: Leukauf/Steininger, § 302 StGB, Rz 4.

427 *Marek/Jerabek*, Korruption und Amtsmissbrauch[12], § 302 Rz 1; *Neger/Heissenberger*, JSt 2018, 39; *Kienapfel/Schmoller*, BT III[2], Vorbem §§ 302 ff Rz 23; *Paulitsch/Koukol*, RFG 2018, 33; *Schmitt*, in: Preuschl/Wess, § 302 StGB Rz 7; *Tipold*, in: Leukauf/Steininger, § 74 StGB, Rz 7.

428 *Hinterhofer/Rosbaud*, BT II[6], § 302 StGB Rz 7; *Bertel/Schwaighofer*, BT II[13], § 302 Rz 1; *Schmitt*, in: Preuschl/Wess, § 302 StGB Rz 7.

429 *Hinterhofer/Rosbaud*, BT II[6], § 302 StGB Rz 8.

430 *Marek/Jerabek*, Korruption und Amtsmissbrauch[12], § 302 Rz 2; *Bertel* in: Höpfel/Ratz, WK-StGB[2] (2010), § 302 Rz 2; *Schmitt*, in: Preuschl/Wess, § 302 StGB Rz 9.

431 *Jerabek/Reindl-Krauskopf/Ropper/Schroll* in: WK-StGB[2] § 74 Rz 6; *Marek/Jerabek*, Korruption und Amtsmissbrauch[12], § 302 Rz 2.

432 *Hinterhofer/Rosbaud*, BT II[6], § 302 StGB Rz 10; *Jerabek/Reindl-Krauskopf/Ropper/Schroll* in: WK StGB[2] § 74 Rz 8; *Paulitsch/Koukol*, RFG 2018, 34; *Tipold*, in: Leukauf/Steininger, § 74 StGB, Rz 12.

433 *Hinterhofer/Rosbaud*, BT II[6], § 302 StGB Rz 10; *Jerabek/Reindl-Krauskopf/Ropper/Schroll* in: Höpfel/Ratz, WK-StGB[2] § 74 Rz 8; *Tipold*, in: Leukauf/Steininger, § 74 StGB, Rz 12.

434 *Marek/Jerabek*, Korruption und Amtsmissbrauch[12], § 302 Rz 3; *Hinterhofer/Rosbaud*, BT II[6], § 302 StGB Rz 10; OGH RIS-Justiz RS0104979; *Paulitsch/Koukol*, RFG 2018, 34; *Jerabek/Reindl-Krauskopf/Ropper/Schroll* in: WK StGB[2] § 74 Rz 8; *Tipold*, in: Leukauf/Steininger, § 74 StGB, Rz 12.

435 *Marek/Jerabek*, Korruption und Amtsmissbrauch[12], § 302, Rz 3.

die faktische Tätigkeit muss einer Rechtshandlung gleichwertig sein, so zählen untergeordnete Verrichtungen von Hausarbeitern, Portieren, Chauffeuren, Mitarbeitern der EDV-Abteilung oder der Hauselektriker nicht zu den sonstigen Aufgaben der Bundes-, Landes- oder der Gemeindeverwaltung.[436] Als unmittelbare Täter des § 302 StGB scheiden diese Personen deshalb aus, da sie keine Beamte sind.[437]

b) Beamte in der Kommunalverwaltung

Im Rahmen ihrer Verwaltungstätigkeit, und somit nicht als gesetzgebendes Organ, erfüllen die Mitglieder der Bundesregierung, die Mitglieder der Landesregierungen, die Landeshauptleute und die Landesräte den strafrechtlichen Beamtenbegriff.[438] Die Mitglieder des Nationalrats, der Landtage und des Bundesrats zählen als Angehörige eines Gesetzgebungsorgans nicht zu den Beamten.[439] Der Gemeinderat einer Gemeinde ist zwar ebenfalls ein allgemeiner Vertretungskörper (Art 117 Abs 1 lit a B-VG), jedoch kommen ihm ausschließlich Vollziehungsfunktionen ohne jegliche Gesetzgebungskompetenzen zu.[440] Der Gemeinderatsmandatar übt gemeinsam mit den anderen Mitgliedern des Kollegialorgans Gemeinderat Rechtshandlungen gemäß § 74 Abs 1 Z 4 StGB aus und erfüllt insbesondere den Beamtenbegriff, wenn er über hoheitliche Verwaltungsangelegenheiten abstimmt (zB Erlassung einer Durchführungsverordnung) oder über Berufungen gegen Bescheide des Bürgermeisters entscheidet.[441] Der (Vize)Bürgermeister als Verwaltungsorgan einer Gemeinde tritt zweifellos als Beamter im strafrechtlichen Sinn auf.[442] Ebenfalls erfüllen die Mitglieder des Gemeindevorstands bei der Erledigung ihrer gesetzlichen Obliegenheiten den

---

436 *Bertel* in: Höpfel/Ratz, WK-StGB² (2010), § 302 Rz 6; *Marek/Jerabek*, Korruption und Amtsmissbrauch¹², § 302, Rz 3; *Hinterhofer/Rosbaud*, BT II⁶, § 302 StGB Rz 11; *Kienapfel/Schmoller*, BT III², Vorbem §§ 302 ff Rz 27; *Paulitsch/Koukol*, RFG 2018, 34.

437 *Marek/Jerabek*, Korruption und Amtsmissbrauch¹², § 302, Rz 3.

438 *Marek/Jerabek*, Korruption und Amtsmissbrauch¹², § 302, Rz 6; *Schmitt*, in: Preuschl/Wess, § 302 StGB Rz 14.

439 *Bertel/Schwaighofer*, BT II¹³, § 302 Rz 1; *Kienapfel/Schmoller*, BT III², Vorbem §§ 302 ff Rz 25; *Schmitt*, in: Preuschl/Wess, § 302 StGB Rz 17.

440 OGH 14.12.2015, 17 Os 21/15i; *Hinterhofer/Rosbaud*, BT II⁶, § 302 StGB Rz 25.

441 *Bertel* in: Höpfel/Ratz, WK-StGB² (2010), § 302 Rz 4; *Kienapfel/Schmoller*, BT III², Vorbem §§ 302 ff Rz 25; OGH 14.12.2015, 17 Os 21/15i; *Jerabek/Reindl-Krauskopf/Ropper/Schroll* in: WK-StGB² § 74 Rz 12; *Bertel/Schwaighofer*, BT II¹³, § 302 Rz 1; *Steininger*, ÖJZ 1980, FN 16; aM *Zagler* in: Triffterer/Rosbaud/Hinterhofer, § 302 StGB Rz 40; *Schmitt*, in: Preuschl/Wess, § 302 StGB Rz 14; *Eckschlager*, RFG 2013, 48.

442 OGH 14.21.1999, 14 Os 149/99; OGH RIS-Justiz RS0097040; *Bertel* in: Höpfel/Ratz, WK-StGB² (2010), § 302 Rz 4; OGH 13.12.2015, 11 Os 13/05d; *Kienapfel/Schmoller*, BT III², Vorbem §§ 302 ff Rz 25; *Hinterhofer/Rosbaud*, BT II⁶, § 302 StGB Rz 21; *Jerabek/Reindl-Krauskopf/Ropper/Schroll* in: WK StGB² § 74 Rz 8 in: Höpfel/Ratz, WK- StGB² § 74 Rz 11; *Bertel/Schwaighofer*, BT II¹³, § 302 Rz 1; OGH 12.06.2017, 17 Os 28/16w; *Reindl-Krauskopf*, ÖJZ 2012/27, 284.

Beamtenbegriff.[443] Der Prüfungsausschuss einer Gemeinde bspw bereitet unter anderem die Entscheidung des Gemeinderats über den Rechnungsabschluss vor und tätigt somit vorbereitende Verwaltungsaufgaben iSv § 74 Abs 1 Z 4 2. Fall StGB, weshalb dessen Mitglieder sowie der Obmann des Ausschusses als Beamte im strafrechtlichen Sinn in Betracht kommen.[444] Als Beamte nach dem StGB gelten fernerhin alle sonstigen Bediensteten des Gemeindeamtes, soweit sie Rechtshandlungen tätigen oder Verwaltungstätigkeiten erbringen, die Rechtshandlungen annähernd gleichwertig sind, wie etwa der Gemeindeamtsleiter, der Kassenamtsleiter, der Bauamtsleiter oder der Standesbeamte.[445] Ob Gemeindemitarbeiter als Beamte pragmatisiert oder als Vertragsbedienstete angestellt sind, spielt für die Beamtenqualifikation nach dem StGB grundsätzlich keine Rolle.[446] Vertragsbedienstete, die den häuslichen Abfall abtransportieren, üben zwar eine wichtige öffentliche Gemeindeaufgabe aus, erfüllen jedoch nicht den strafrechtlichen Beamtenbegriff, da diese Tätigkeiten einer Rechtshandlung nicht annähernd gleichwertig sind; denn mit dem Entleeren einer Mülltonne wird kein staatlicher Wille konkretisiert.[447]

2. Befugnis zur Vornahme von Amtsgeschäften

a) Befugnis

Um den Tatbestand des Amtsmissbrauchs zu erfüllen, muss der Beamte die Befugnis besitzen, bestimmte Amtsgeschäfte vorzunehmen, dh er muss über ein rechtliches Dürfen verfügen, um innerhalb seines zumindest abstrakten Zuständigkeitsbereiches Amtsgeschäfte zu tätigen.[448] Täuscht der Täter eine ihm zukommende Befugnis nur vor, kann der Tatbestand nach § 302 StGB nicht erfüllt werden, denn eine Befugnis, die dem Beamten nicht zukommt, kann auch nicht missbraucht werden.[449] Als Beispiel dient die als Polizist verkleidete Person, die eine Verkehrskontrolle durchführt; hier kommen jedoch Straftatbestände außerhalb der Amtsdelikte in Betracht (insb Amtsanmaßung

---

[443] *Aicher-Hadler*, Verantwortlichkeit[3], RFG 2013, 10; *Bertel* in: Höpfel/Ratz, WK-StGB[2] (2010), § 302 Rz 4; *Neger*, RFG 2017, 87; *Neger/Heissenberger*, JSt 2018, 39; *Reindl-Krauskopf*, ÖJZ 2012/27, 284.

[444] *Neger/Heissenberger*, JSt 2018, 40.

[445] *Steininger*, ÖJZ 1980, 481; *Aicher-Hadler*, RFG 2007, 18; OGH 02.10.2012, 17 Os 7/12a; OGH 03.10.2016, 17 Os 36/15w; OGH 27.04.1999, 11 Os 176/98; *Paulitsch/Koukol*, RFG 2018, 36.

[446] *Bertel/Schwaighofer*, BT II[13], § 302 Rz 1.

[447] *Kienapfel/Schmoller*, BT III[2], Vorbem §§ 302 ff Rz 29; *Hinterhofer/Rosbaud*, BT II[6], § 302 StGB Rz 13.

[448] *Hinterhofer/Rosbaud*, BT II[6], § 302 StGB Rz 26; *Marek/Jerabek*, Korruption und Amtsmissbrauch[12], § 302 Rz 14; *Neger/Heissenberger*, JSt 2018, 39; *Zagler* in: Triffterer/Rosbaud/Hinterhofer, § 302 StGB Rz 60; *Stricker* in: Lewisch, Missbrauch der Amtsgewalt, Seite 100; *Schmitt*, in: Preuschl/Wess, § 302 StGB Rz 20; *Aichinger*, in: Leukauf/Steininger, § 302 StGB, Rz 6.

[449] *Marek/Jerabek*, Korruption und Amtsmissbrauch[12], § 302 Rz 14.

nach § 314 StGB).[450]

b) Amtsgeschäfte

Alle Tätigkeiten, die zu den einschlägigen Vollziehungsaufgaben des Amtsbetriebs gehören, fallen unter den Begriff der Amtsgeschäfte.[451] Zu diesen Tätigkeiten zählen Rechtshandlungen; jedoch auch faktische Verrichtungen, die das Erfordernis der Gleichwertigkeit zu Rechtshandlungen erfüllen, können als Amtsgeschäfte qualifiziert werden.[452] Die Rsp und hL legt den Begriff der faktischen Verrichtungen relativ großzügig aus, denn die annähernde Gleichwertigkeit zu Rechtshandlungen soll bereits ausreichen.[453] Diese weite Interpretation wird von einem Teil der Lehre sehr kritisch gesehen, da dadurch der Strafbarkeitsbereich des Amtsmissbrauchs zu weit geöffnet werden könnte; eine restriktivere Anwendung der Norm wird gefordert.[454] Dem Tatbestandsmerkmal „Befugnis Amtsgeschäfte vorzunehmen", verlangen Teile der Lehre keine eigenständige Prüfung ab, da diese Voraussetzungen bereits in der Wortfolge „Befugnis des Organs in Vollziehung der Gesetze" inkludiert seien.[455]

c) Befugnis in der Kommunalverwaltung

Der Bürgermeister einer Gemeinde nimmt eine Rechtshandlung und somit ein Amtsgeschäft vor, wenn er in seiner Funktion als Meldebehörde einem Gemeindebediensteten eine Weisung erteilt oder wenn er gemäß § 45 Abs 2 Oö GemO eine Gemeinderatssitzung anberaumt.[456] Der Amtsleiter, der dem Bürgermeister einen Bewilligungsbescheid vorbereitet, tätigt eine faktische Verrichtung (und deshalb ein Amtsgeschäft), die annähernd gleichwertig mit einer Rechtshandlung ist.[457] Der Kassenführer einer Kommune nutzt seine Befugnis für Amtsgeschäfte, wenn er einzelne

---

[450] *Hinterhofer/Rosbaud*, BT II[6], § 302 StGB Rz 26; *Marek/Jerabek*, Korruption und Amtsmissbrauch[12], § 302 Rz 14; *Schmitt*, in: Preuschl/Wess, § 302 StGB Rz 23.

[451] *Hinterhofer/Rosbaud*, BT II[6], § 302 StGB Rz 27; *Schmitt*, in: Preuschl/Wess, § 302 StGB Rz 24; *Aichinger*, in: Leukauf/Steininger, § 302 StGB, Rz 6.

[452] *Hinterhofer/Rosbaud*, BT II[6], § 302 StGB Rz 27; *Marek/Jerabek*, Korruption und Amtsmissbrauch[12], § 302 Rz 16; OGH 21.12.1978, 13 Os 170/78; *Paulitsch/Koukol*, RFG 2018, 36; OGH RIS-Justiz RS0127728; *Aichinger*, in: Leukauf/Steininger, § 302 StGB, Rz 9.

[453] OGH RIS-Justiz RS0096888; *Marek/Jerabek*, Korruption und Amtsmissbrauch[12], § 302 Rz 17, 18; *Hinterhofer/Rosbaud*, BT II[6], § 302 StGB Rz 28; *Aichinger*, in: Leukauf/Steininger, § 302 StGB, Rz 9.

[454] *Kienapfel/Schmoller*, BT III[2], § 302 Rz 19; *Bertel* in: Höpfel/Ratz, WK-StGB[2] (2010), § 302 Rz 24; *Bertel/Schwaighofer*, BT II[13], § 302 Rz 17.

[455] *Kienapfel/Schmoller*, BT III[2], § 302 Rz 16; *Bertel* in: Höpfel/Ratz, WK-StGB[2] (2010), § 302 Rz 22; *Nordmeyer*, in Höpfel/Ratz, WK-StGB[2] (2019), § 302 Rz 109 ff.

[456] *Hinterhofer/Rosbaud*, BT II[6], § 302 StGB Rz 28; OGH 07.04.2011, 13 Os 12/11f; OGH 01.12.2004, 13 Os 84/04.

[457] *Aicher-Hadler*, Verantwortlichkeit[3], RFG 2013, 20.

Buchungsvorgänge vornimmt, die dem hoheitlichen Budgetvollzug der Gemeinde angehören.[458] Befördert der Vertragsbedienstete eine Postsendung innerhalb des Gemeindeamts, liegt kein Amtsgeschäft vor, da dies eine faktische Tätigkeit darstellt, die den Anforderungen einer annähernd einer Rechtshandlung gleichwertigen Handlung nicht gerecht wird.[459]

3. Befugnisausübung in Vollziehung der Gesetze

a) Allgemeines

Im Kreis der Privatwirtschaftsverwaltung wird ein Organ nicht im Rahmen der Vollziehung der Gesetze iSd § 302 StGB tätig, weshalb das Delikt des Amtsmissbrauchs bei dieser Verwaltungsform niemals verwirklicht werden kann, sondern immer nur im Bereich der Hoheitsverwaltung.[460] Zur eigentlichen Differenzierung zwischen der Privatwirtschaftsverwaltung und der Hoheitsverwaltung wird auf die oben erfolgten Ausführungen verwiesen (III.C.2.b). Relativiert wird die strenge Abgrenzung der beiden Verwaltungsformen durch die Einbeziehung der schlichten Hoheitsverwaltung in den Anwendungsbereich des § 302 StGB. Dies ist ein Verwaltungshandeln, dem im Vergleich zur klassischen Hoheitshandlung meist die Normativität fehlt.[461] Die Rsp und hL zählen diese Form des Handelns von Beamten, das in tatsächlichen Verrichtungen in Erscheinung tritt und im Zusammenhang mit Hoheitsakten steht, wie die Vorbereitung, die Begleitung oder die Umsetzung eines Hoheitsaktes, insgesamt zur Hoheitsverwaltung. Daher fällt auch die schlichte Hoheitsverwaltung unter den Begriff der „Vollziehung der Gesetze" iSd Strafdelikts.[462] Eine restriktivere Auffassung eines Teils der Lehre befürchtet allerdings eine kritische Strafbarkeitsausweitung des § 302

---

458 *Paulitsch/Koukol*, RFG 2018, 38; OGH 09.04.2015, OGH 17 Os 45/14t.

459 *Hinterhofer/Rosbaud*, BT II^6, § 302 StGB Rz 29.

460 *Kienapfel/Schmoller*, BT III^2, § 302 Rz 25; *Bertel/Schwaighofer*, BT II^{13}, § 302 Rz 6; OGH RIS-Justiz RS0096211; OGH RIS-Justiz RS0105870; OGH 11.08.2014, 17 Os 1/14x; *Birklbauer/Stiebellehner*, JSt 2017, 282; *Birklbauer*, RFG 2019, 35; *Neger/Heissenberger*, JSt 2018, 40; *Neger*, RFG 2015, 1; *Cohen*, JBl 2014, 163; *Wessely*, JBl 2016, 341; *Marek/Jerabek*, Korruption und Amtsmissbrauch^{12}, § 302 Rz 25; *Steininger*, ÖJZ 1980, 481; *Hinterhofer/Rosbaud*, BT II^6, § 302 StGB Rz 32; *Zagler* in: Triffterer/Rosbaud/Hinterhofer, § 302 StGB Rz 78; *Reindl-Krauskopf*, ÖJZ 2012/27, 285; *Paulitsch/Koukol*, RFG 2018, 37; *Schmitt*, in: Preuschl/Wess, § 302 StGB Rz 31; *Aichinger*, in: Leukauf/Steininger, § 302 StGB, Rz 22.

461 *Lenzbauer*, Schlichte Hoheitsverwaltung, 191; *Hinterhofer/Rosbaud*, BT II^6, § 302 StGB Rz 33b.

462 OGH RIS-Justiz RS0130809; OGH RIS-Justiz RS0130017; *Wessely*, JBl 2016, 341; *Hinterhofer/Rosbaud*, BT II^6, § 302 StGB Rz 33b; *Marek/Jerabek*, Korruption und Amtsmissbrauch^{12}, § 302 Rz 25b; *Schmitt*, in: Preuschl/Wess, § 302 StGB Rz 30.

StGB und fordert eine engere Auslegung der Wortfolge „in Vollziehung der Gesetze“.[463] Der OGH konkretisierte vor kurzem seine Rsp und hält nunmehr fest, dass nicht jede Tätigkeit schlicht hoheitlichen Charakters ein Amtsgeschäft iSv § 302 StGB begründet, sondern dass eine tatbildliche Verwaltungshandlung nur dann gegeben ist, wenn sie einen spezifischen und funktionalen Zusammenhang zu einem Hoheitsakt aufweist.[464] Eine abschließende, exakte Definition und Grenzziehung zwischen der tatbestandlichen schlichten Hoheitsverwaltung und jener der schlichten Hoheitsverwaltung ohne Amtsgeschäftscharakter wird im Ergebnis fehlschlagen, vielmehr muss jeder Sachverhalt individuell im Detail geprüft werden.[465]

b) Beispiele aus der Kommunalverwaltung

Ein Gemeindekassier handelt im Rahmen seiner Kassenführung innerhalb der tatbestandlichen schlichten Hoheitsverwaltung und tätigt Amtsgeschäfte, wenn er budgetwirksame Buchungen vornimmt bzw den beschlossenen Budgetvoranschlag des Gemeinderates umsetzt (hoheitlicher Anknüpfungspunkt ist vor allem das Kontrollrecht des Prüfungsausschusses).[466] Führt hingegen der Bürgermeister den selbst vorberechneten Sozialhilfebeitrag nicht an den Sozialhilfeverband ab, erfüllt diese Handlung nicht die erforderliche Qualität eines tatbestandlichen Amtsgeschäftes, da der nötige spezifische und funktionale Zusammenhang zu einem Hoheitsakt der Gemeinde fehlt.[467] Der notwendige Zusammenhang wäre erst dann gegeben, wenn eine bescheidmäßige Zahlungsvorschreibung unterlassen werden würde.[468]

4. Missbrauch der Befugnis

a) Allgemeines

Das delikttypische Verhalten, der Missbrauch der Befugnis, ist ein zentrales

---

[463] *Zagler* in: Triffterer/Rosbaud/Hinterhofer, § 302 StGB Rz 94; *Birklbauer/Stiebellehner*, JSt 2017, 282; *Birklbauer*, RdU 2017, 138; *Kienapfel/Schmoller*, BT III², § 302 Rz 21; *Bertel* in: Höpfel/Ratz, WK-StGB² (2010), § 302 Rz 22 u 23.

[464] OGH 12.06.2017, 17 Os 5/17i.

[465] Vgl *Kienapfel/Schmoller*, BT III², § 302 Rz 26.

[466] OGH 09.04.2015, 17 Os 45/14t; *Marek/Jerabek*, Korruption und Amtsmissbrauch¹², § 302 Rz 26; *Nordmeyer*, in Höpfel/Ratz, WK-StGB² (2019), § 302 Rz 93.

[467] OGH 12.06.2017, Os 5/17i; *Nordmeyer*, in Höpfel/Ratz, WK-StGB² (2019), § 302 Rz 93.

[468] *Nordmeyer*, in Höpfel/Ratz, WK-StGB² (2019), § 302 Rz 93.

Tatbestandsmerkmal des § 302 StGB.[469] Dieser Missbrauch kann bei Vornahme einer hoheitlichen Handlung bzw beim Zustandekommen einer solchen Handlung begangen werden, also bei einem pflichtwidrigen und rechtswidrigen Gebrauch der vorhandenen Befugnis.[470] Setzt der Beamte bei Ausführung der ihm zustehenden hoheitlichen Befugnis ein rechtlich unvertretbares Verhalten, ist der Missbrauchsbegriff erfüllt.[471] Es liegt jedoch kein Missbrauch vor, solange sich der Beamte bei seiner Norm- und Rechtsanwendung innerhalb seines gesetzlichen Ermessensspielraumes bewegt bzw die Gesetzesanwendung an sich innerhalb einer vertretbaren Rechtsansicht stattfindet.[472] Die Missbrauchshandlung des Beamten muss aber innerhalb des ihm vom Rechtsträger zur Verfügung gestellten Kompetenzbereiches geschehen, ansonsten kommt § 302 StGB nicht in Betracht.[473] Bereits die abstrakte Kompetenz Rechtshandlungen zu tätigen, ist ausreichend; es kann demnach auch eine tatbestandliche Missbrauchshandlung vorliegen, wenn lediglich die funktionelle oder die örtliche Unzuständigkeit gegeben ist oder nur ein entsprechender Dienstauftrag fehlt.[474]

b) Beispiele aus der Kommunalverwaltung

Der OGH bejahte den Befugnismissbrauch eines Bürgermeisters, als dieser die Errichtung eines Wohnhauses auf einem Grundstück bewilligte, das laut Flächenwidmungsplan als Grünland ausgewiesen war. Ebenso missbrauchte in der Folge der Gemeinderat seine Befugnis, als dieser als Berufungsinstanz den Bescheid des Bürgermeisters bestätigte.[475] Erteilt der Bürgermeister per Bescheid Bauplatzbewilligungen für zur Gänze als Grünland gewidmete Grundstücksparzellen, missbraucht er seine ihm verliehene Beamtenbefugnis.[476] Bewilligt die Baubehörde ein Bauvorhaben mit einem Grenzabstand von drei Metern, obwohl die Bauordnung vier

---

[469] *Marek/Jerabek*, Korruption und Amtsmissbrauch[12], § 302 Rz 28; *Bertel* in: Höpfel/Ratz, WK-StGB[2] (2010), § 302 Rz 22; *Aichinger*, in: Leukauf/Steininger, § 302 StGB, Rz 30.

[470] *Bertel* in: Höpfel/Ratz, WK-StGB[2] (2010), § 302 Rz 22; *Kienapfel/Schmoller*, BT III[2], § 302 Rz 35; *Hinterhofer/Rosbaud*, BT II[6], § 302 StGB Rz 38; *Schmitt*, in: Preuschl/Wess, § 302 StGB Rz 33; *Aichinger*, in: Leukauf/Steininger, § 302 StGB, Rz 30.

[471] *Hinterhofer/Rosbaud*, BT II[6], § 302 StGB Rz 39; *Kienapfel/Schmoller*, BT III[2], § 302 Rz 36; *Reindl-Krauskopf/Huber*, Korruptionsstrafrecht in Fällen, 14.

[472] *Zagler* in: Triffterer/Rosbaud/Hinterhofer, § 302 StGB Rz 104; *Kienapfel/Schmoller*, BT III[2], § 302 Rz 36; *Hinterhofer/Rosbaud*, BT II[6], § 302 StGB Rz 40; *Reindl-Krauskopf/Huber*, Korruptionsstrafrecht in Fällen, 14.

[473] *Hinterhofer/Rosbaud*, BT II[6], § 302 StGB Rz 39.

[474] OGH 23.11.1989, 13 Os 123/89; *Hinterhofer/Rosbaud*, BT II[6] § 302 Rz 39; OGH 07.10.2013, 17 Os 9/13x; OGH 03.04.2012, 14 Os 138/11t; *Zagler* in: Triffterer/Rosbaud/Hinterhofer, § 302 StGB Rz 96, 99; *Aichinger*, in: Leukauf/Steininger, § 302 StGB, Rz 30.

[475] OGH 04.06.1996, 11 Os 44/96; *Marek/Jerabek*, Korruption und Amtsmissbrauch[12], § 302 Rz 29; *Hinterhofer/Rosbaud*, BT II[6], § 302 StGB Rz 41e.

[476] *Hinterhofer/Rosbaud*, BT II[6], § 302 StGB Rz 41e; OGH 12.06.2017, 17 Os 2/17y; *Marek/Jerabek*, Korruption und Amtsmissbrauch[12], § 302 Rz 29.

Meter vorsieht, missbraucht sie ihre Befugnis.[477] Übermittelt ein Vertragsbediensteter einer Gemeinde unrichtige Meldedaten an das zentrale Melderegister und stellt dieser dazu entsprechende Vermerke aus, liegt ein rechtswidriger Befugnismissbrauch iSv § 302 StGB vor.[478] Falls der Gemeindebedienstete ihm zugängliche Informationen ohne dienstliche Erfordernis bzw aus rein privaten Zwecken aus dem Melderegister abruft, stellt dies jedoch keinen Missbrauch dar.[479] Stellt der Bürgermeister eine Abbruchbewilligung eines denkmalgeschützten Gebäudes aus, ohne vorher die notwendige Bewilligung des Bundesdenkmalamtes einzuholen, liegt durch die rechtswidrige Erlassung des Abbruchsbescheids ein Befugnismissbrauch vor.[480] Wirken untergeordnete Beamte an der Bescheiderstellung des ausstellenden Organs wesentlich mit, können diese Personen im Sinne einer gleichwertigen faktischen Verrichtung eines Amtsgeschäfts ihre Befugnis nach § 302 StGB missbrauchen. So wurde ein Bauamtsleiter einer Gemeinde des Amtsmissbrauchs verurteilt, weil er selbst für den Bewilligungswerber den Bauplan verfasste, der nicht mit der entsprechenden Bauordnung im Einklang stand, und diesen anschließend dem Bürgermeister als Entscheidungsträger zur Unterschriftsleistung vorlegte.[481] Als weiteres Beispiel ist es als Befugnismissbrauch zu werten, wenn ein Gemeindebeamter für ein Volksbegehren eine unrichtige Anzahl an Stimmen protokolliert und die abschließende Niederschrift zur Unterschriftsleistung an den zuständigen Bürgermeister vorlegt.[482] Wenn ein Wahlbeisitzer einer Gemeindewahlbehörde zusätzliche Kreuzerl an amtlichen Stimmzetteln anbringt, damit die Wahlkommission deren Ungültigkeit feststellt, missbraucht er seine Befugnis iSv § 302 StGB.[483]

C. Amtsmissbrauch durch Unterlassen

1. Allgemeines

§ 302 StGB stellt das Verhalten von Beamten unter Strafe, die mit dem Vorsatz, dadurch

[477] OGH 06.05.1982, 12 Os 24/82; *Bertel* in: Höpfel/Ratz, WK-StGB[2] (2010), § 302 Rz 26.
[478] OGH 11.08.2014, 17 Os 27/14w; *Marek/Jerabek*, Korruption und Amtsmissbrauch[12], § 302 Rz 29.
[479] *Hinterhofer/Rosbaud*, BT II[6], § 302 StGB Rz 42a; OGH 10.12.2012, 17 Os 20/12p.
[480] *Bertel* in: Höpfel/Ratz, WK-StGB[2] (2010), § 302 Rz 26; OGH 31.12.2005, 11 Os 13/05d; OGH 06.03.2014, 17 Os 19/13t; *Marek/Jerabek*, Korruption und Amtsmissbrauch[12], § 302 Rz 29.
[481] OGH 14.03.2000, 11 Os 125/99; *Marek/Jerabek*, Korruption und Amtsmissbrauch[12], § 302 Rz 31; *Hinterhofer/Rosbaud*, BT II[6], § 302 StGB Rz 41e; OGH 17. 1. 1979, 10 Os 123/78; *Steininger*, ÖJZ 1980, 482; *Bertel* in: Höpfel/Ratz, WK-StGB[2] (2010), § 302 Rz 33.
[482] OGH 21.09.2006, 12 Os 70/06w; *Marek/Jerabek*, Korruption und Amtsmissbrauch[12], § 302 Rz 31; *Bertel* in: Höpfel/Ratz, WK-StGB[2] (2010), § 302 Rz 35.
[483] *Bertel* in: Höpfel/Ratz, WK-StGB[2] (2010), § 302 Rz 35; OGH 14.01.1998, 13 Os 169/97.

einen anderen an seinen Rechten zu schädigen, ihre Befugnis, im Namen einer Gebietskörperschaft als deren Organ in Vollziehung der Gesetze Amtsgeschäfte vorzunehmen, wissentlich missbrauchen.[484] Im objektiven Tatbestand findet sich unmittelbar kein Begriff, der ein reines Unterlassen pönalisieren würde.[485] In der Rsp und Lehre zweifellos anerkannt ist jedoch, dass der Amtsmissbrauch auch durch ein Unterlassen begangen werden kann.[486] Ein Beamter kann den Straftatbestand demnach auch dann verwirklichen, wenn er seine ihm zustehende Befugnis pflichtwidrig nicht gebraucht bzw rechtswidrig unterlässt.[487]

2. Kupiertes Erfolgsdelikt oder schlichtes Tätigkeitsdelikt?

a) Kupiertes Erfolgsdelikt

Differenziert sieht die Wissenschaft, wie die Komponente des Unterlassens mit § 302 StGB in Einklang gebracht werden kann. Ein Teil der Lehre stützt sich auf § 2 StGB, der besagt, dass alle Erfolgsdelikte nicht nur durch ein positives Tun, sondern auch durch ein Unterlassen begangen werden können, sofern die Garantenstellung sowie die Gleichwertigkeit gegeben sind.[488] Für die Befürworter dieser Auffassung lässt sich ein Missbrauch nur als „eindeutig fehlerhafter Gebrauch" interpretieren, mit dem Ergebnis, dass immer eine aktive Komponente, ein aktives Tun zur Missbrauchshandlung erforderlich ist.[489] Deshalb muss zur Tatbestandsverwirklichung des Amtsmissbrauchs durch Unterlassen immer die ergänzende Regel des § 2 StGB einschließlich der Garantenprüfung (der Beamte muss genau für die Abwendung der Gefahr oder des Schadens bestimmt zuständig sein) und der Gleichwertigkeitsprüfung (das Unterlassen muss gleichwertig gegenüber dem aktiven Tun sein) herangezogen werden.[490] Für die Anwendbarkeit von § 2 StGB auf das Amtsmissbrauchsdelikt bedarf es einer nicht restriktiven Auslegung der Unterlassungsbestimmung selbst; denn dem Wortlaut nach

---

[484] *Medigovic*, JBl 1992, 421.
[485] *Medigovic*, JBl 1992, 421.
[486] OGH RIS-Justiz RS0089566; *Kienapfel/Schmoller*, BT III², § 302 Rz 37; *Medigovic*, JBl 1992, 421; *Bertel* in: Höpfel/Ratz, WK-StGB² (2010), § 302 Rz 37; *Hinterhofer/Rosbaud*, BT II⁶, § 302 StGB Rz 38; *Reindl-Krauskopf/Huber,* Korruptionsstrafrecht in Fällen, 15.
[487] *Hinterhofer/Rosbaud*, BT II⁶, § 302 StGB Rz 38; *Marek/Jerabek*, Korruption und Amtsmissbrauch¹², § 302 Rz 32.
[488] *Kienapfel/Schmoller*, BT III², § 302 Rz 38; *Bertel/Schwaighofer*, BT II¹³, § 302 Rz 12; *Bertel* in: Höpfel/Ratz, WK-StGB² (2010), § 302 Rz 37.
[489] *Kienapfel/Schmoller*, BT III², § 302 Rz 38; *Bertel* in: Höpfel/Ratz, WK-StGB² (2010), § 302 Rz 37; *Schmoller,* Anzeigepflicht und Amtsmissbrauch, 9.
[490] *Bertel* in: Höpfel/Ratz, WK-StGB² (2010), § 302 Rz 38, *Kienapfel/Schmoller*, BT III², § 302 Rz 38, 41, 45.

ist § 2 StGB nur auf Erfolgsdelikte anzuwenden, der Amtsmissbrauch nach § 302 StGB stellt aber ein schlichtes Tätigkeitsdelikt dar (denn die Schädigung eines anderen ist kein objektives Tatbestandsmerkmal des Amtsmissbrauchs).[491] Damit § 2 StGB nun herangezogen werden kann, wird der Amtsmissbrauch von den Vertretern dieser Lehre als kupiertes Erfolgsdelikt gesehen, da der Erfolg der Schädigung zwar nicht Voraussetzung ist, dieser aber zumindest in den erweiterten Vorsatz des Beamten aufgenommen werden muss.[492]

b) Schlichtes Tätigkeitsdelikt

Gegen die Anwendbarkeit des § 2 StGB auf den Amtsmissbrauch bzw gegen die Einordnung des § 302 StGB als kupiertes Erfolgsdelikt spricht sich der andere Teil der Lehre aus.[493] Eine Ausweitung der Geltung der Unterlassungsbestimmung nach § 2 StGB auf Delikte, die keine reinen Erfolgsdelikte darstellen, könnte insbesondere dem strafrechtlichen Analogieverbot widersprechen.[494] Der Missbrauchsbegriff nach § 302 StGB ist vielmehr weit auszulegen, der neben dem aktiven Fehlgebrauch auch den rechtswidrigen Nichtgebrauch der vorhandenen Befugnis beinhaltet.[495] Nach dieser Sichtweise handelt es sich beim Amtsmissbrauch um ein echtes Unterlassungsdelikt, wofür die Garantenstellung nach § 2 StGB von vornherein nicht erforderlich ist.[496] Infolgedessen bedarf es auch keiner Gleichwertigkeitsprüfung, da die pflichtwidrige Untätigkeit von Beamten rechtlich einem nicht vertretbaren Tun entspricht.[497]

c) Rechtsprechung

Der OGH verfolgte in der Vergangenheit keine exakte Linie in Bezug zu den beiden Anwendungsalternativen.[498] In manchen Entscheidungen wurden die Prüfungskriterien auf Erfüllung der Elemente des § 2 StGB explizit angesprochen.[499] Erstmals im Jahr

---

491 *Kienapfel/Schmoller*, BT III², § 302 Rz 8.
492 *Kienapfel/Schmoller*, BT III², § 302 Rz 40; *Bertel* in: Höpfel/Ratz, WK-StGB² (2010), § 302 Rz 37; *Medigovic*, JBl 1992, 422.
493 *Hinterhofer/Rosbaud*, BT II⁶, § 302 StGB Rz 38; *Zagler* in: Triffterer/Rosbaud/Hinterhofer, § 302 StGB Rz 138; *Nordmeyer*, in Höpfel/Ratz, WK-StGB² (2019), § 302 Rz 113; *Marek/Jerabek*, Korruption und Amtsmissbrauch¹², § 302 Rz 28; *Schmitt*, in: Preuschl/Wess, § 302 StGB Rz 34.
494 *Zagler* in: Triffterer/Rosbaud/Hinterhofer, § 302 StGB Rz 142.
495 *Hinterhofer/Rosbaud*, BT II⁶, § 302 StGB Rz 38.
496 *Hinterhofer/Rosbaud*, BT II⁶, § 302 StGB Rz 2, 38; *Zagler* in: Triffterer/Rosbaud/Hinterhofer, § 302 StGB Rz 94.
497 *Hinterhofer/Rosbaud*, BT II⁶, § 302 StGB Rz 38; vgl *Lehner*, RZ 2018, 92.
498 *Schmoller,* Anzeigepflicht und Amtsmissbrauch, 10.
499 OGH 27.02.1990, 15 Os 3/90; OGH 14.12.1999, 14 Os 149/99; OGH 12.06.1992, 16 Os 19/92; ebenso *Nordmeyer*, in Höpfel/Ratz, WK-StGB² (2019), § 302 Rz 10.

2015 hat sich der OGH sehr umfassend mit § 2 StGB in Zusammenhang mit dem Befugnismissbrauch durch Unterlassen beschäftigt.[500] Er hat daraufhin in einem obiter dictum eindeutig klargestellt, dass § 2 StGB der Wortfolge nach nicht auf schlichte Tätigkeitsdelikte, wie dem § 302 StGB, sondern ausschließlich auf Erfolgsdelikte anzuwenden ist.[501] Ferner umfasst die tatbestandliche Amtsmissbrauchshandlung des Beamten auch ein Unterlassen, weil die zielgerichtete Untätigkeit per se einen Missbrauch der Befugnis darstellen kann.[502] Später bekräftigte der OGH seine Rechtsprechungslinie mit folgendem Erkenntnis: Wenn einem Beamten eine Befugnis eingeräumt wird, die ihm vorschreibt, wie er diese Befugnis auszuüben hat, dann kann ein Fehlgebrauch dieser Befugnis gerade auch in der Nichterfüllung seiner Handlungspflichten liegen; deshalb hat § 2 StGB keine Relevanz in Bezug auf die Strafbarkeit nach § 302 StGB.[503] *Schmoller* sieht in dieser aktuellen Rechtsprechung keinen bedeutenden Unterschied zur Einordnung des Amtsmissbrauchs als kupiertes Erfolgsdelikt, denn die nach § 2 StGB erforderliche Garantenpflicht gehe bei § 302 StGB mit dem Erfordernis des Befugnismissbrauchs konform, weil ein Befugnismissbrauch durch Untätigkeit ohne generelle Pflicht zum Tätigwerden gar nicht vorliegen könne.[504] Die Zumutbarkeit als bedeutender Aspekt der Gleichwertigkeitsprüfung müsse zudem auch bei echten Unterlassungsdelikten geprüft werden.[505]

3. Anwendungsbeispiele aus der Kommunalverwaltung

Ein Befugnismissbrauch durch Unterlassen liegt bspw dann vor, wenn ein Bürgermeister es unterlässt, gegen einen konsenslos errichteten Schweinestall entsprechende Hoheitsakte aufgrund der zur Anwendung kommenden baurechtlichen Vorschriften zu tätigen.[506]

---

[500] OGH 21.01.2015, 17 Os 47/14m.

[501] *Nordmeyer*, in Höpfel/Ratz, WK-StGB[2] (2019), § 302 Rz 10; *Marek/Jerabek*, Korruption und Amtsmissbrauch[12], § 302 Rz 33; OGH 21.01.2015, 17 Os 47/14m; *Paulitsch/Koukol*, RFG 2018, 39.

[502] RS0129855; OGH 21.01.2015, 17 Os 47/14m; *Paulitsch/Koukol*, RFG 2018, 39.

[503] OGH 14.12.2015, 17 Os 23/15h; ebenso *Nordmeyer*, in Höpfel/Ratz, WK-StGB[2] (2019), § 302 Rz 10; *Marek/Jerabek*, Korruption und Amtsmissbrauch[12], § 302 Rz 33.

[504] *Schmoller,* Anzeigepflicht und Amtsmissbrauch, 10.

[505] *Schmoller,* Anzeigepflicht und Amtsmissbrauch, 10.

[506] OGH 14.12.1999, 14 Os 149/99; *Marek/Jerabek*, Korruption und Amtsmissbrauch[12], § 302 Rz 34; *Bertel* in: Höpfel/Ratz, WK-StGB[2] (2010), § 302 Rz 46; *Zagler* in: Triffterer/Rosbaud/Hinterhofer, § 302 StGB Rz 151.

Eine Partei wird in ihrem Recht auf Entscheidung geschädigt, indem die Baubehörde es unterlässt, über deren eingebrachte Anträge innerhalb der Entscheidungsfrist zu entscheiden oder wenn die Behörde die Anträge gänzlich unbearbeitet lässt.[507]

In einem weiteren Beispiel soll im Auftrag der Gemeindeaufsichtsbehörde der Vizebürgermeister dem Bürgermeister, welchem rechtswidrig aus der Gemeindekasse Geldbeträge ausbezahlt wurden, per Bescheid auftragen, dass dieser das erhaltende Geld zurückbezahlt. Unterlässt der Vizebürgermeister diese Anordnung, missbraucht er seine ihm zustehende Befugnis iSd § 302 StGB.[508]

Steht eine Entscheidung des Gemeinderats an und unterlässt der Bürgermeister als zuständiges Organ eine Gemeinderatssitzung einzuberufen, wertete der OGH diesen Sachverhalt als Amtsmissbrauch; denn der Bürgermeister hat in diesem Fall seine ihm zustehenden Befugnis tätig zu werden unzulässig unterlassen.[509]

Jüngst wurde ein Bürgermeister des Amtsmissbrauchs verurteilt, weil er es unterlassen hat, den Bauwerbern die nach der steiermärkischen Bauordnung vorgeschriebenen Bauabgaben vorzuschreiben.[510]

D. Unterlassen der Strafanzeige als Missbrauch der Befugnis

Vorweg ist festzuhalten, dass die Nichtvornahme der Pflichtanzeige nach § 78 StPO im Grundsatz den Tatbestand des Amtsmissbrauchs begründen kann.[511] In diesem Abschnitt soll nun die zentrale Frage behandelt werden, unter welchen Voraussetzungen bei einer Unterlassung der Anzeige (bei bestehender Anzeigeverpflichtung) es sich um einen Missbrauch der Befugnis iSd § 302 StGB handelt. Der anzeigeverpflichtete Beamte missbraucht seine Befugnis, wenn seine Vorgangsweise als rechtswidrig, also rechtlich als unvertretbar einzustufen ist.[512] Liegt im zu beurteilenden Fall ein Grenzfall des § 78 StPO vor bzw erscheint es bei objektiver Beurteilung des Sachverhalts zweifelhaft, ob bereits die Anzeigepflicht eingetreten ist oder gerade noch nicht, kann nach Fällung der Entscheidung keine Anzeige zu erstatten, nicht von einem rechtlich

[507] OGH 15.10.1986, 9 Os 82/86; *Bertel* in: Höpfel/Ratz, WK-StGB² (2010), § 302 Rz 46.
[508] *Marek/Jerabek*, Korruption und Amtsmissbrauch¹², § 302 Rz 34; OGH 13.08.2011, 14 Os 66/11d.
[509] OGH 06.12.2016, 17 Os 23/16k.
[510] OGH 17.06.2017, 17 Os 5/17i.
[511] *Schmitt*, in: Preuschl/Wess, § 302 StGB Rz 35; *Marek/Jerabek*, Korruption und Amtsmissbrauch¹², § 302 Rz 35; *Medigovic*, JBl 1992, 421; OGH RIS-Justiz RS0120401; *Aichinger*, in: Leukauf/Steininger, § 302 StGB, Rz 31.
[512] *Bertel* in: Höpfel/Ratz, WK-StGB² (2010), § 302 Rz 48; *Hinterhofer/Rosbaud*, BT II⁶, § 302 StGB Rz 39; *Kienapfel/Schmoller*, BT III², § 302 Rz 36; *Nordmeyer*, in Höpfel/Ratz, WK-StGB² (2019), § 302 Rz 117.

unvertretbaren Verhalten gesprochen werden; ein Missbrauch der Befugnis ist in diesem Fall ausgeschlossen.[513] Ist hingegen unzweifelhaft eine Anzeigeverpflichtung nach § 78 StPO gegeben und unterlässt der Beamte die Anzeige damit rechtlich unvertretbar, stellt sich zudem die Frage, ob die unterlassene Tätigkeit einen hoheitlichen Charakter hatte, also ob die unterlassene Anzeige im Rahmen der Vollziehung der Gesetze geschehen ist.[514] Da es jedermann zusteht, eine ihm zur Kenntnis gelangte Information einer Straftat einer Anzeige nach dem allgemeinen Anzeigerecht gemäß § 80 Abs 1 StPO zuzuführen, könnte dies dem hoheitlichen Charakter einer Anzeige entgegenstehen.[515] Wie bereits oben ausgeführt, schränkt § 78 StPO die Anzeigepflicht auf den gesetzmäßigen Wirkungsbereich einer Behörde oder öffentlichen Dienststelle ein.[516] Zur Begründung einer Anzeigepflicht wird demnach verlangt, dass die mögliche Straftat, über die der Beamte Kenntnis erlangt hat, in einem gewissen Bezug zum hoheitlichen Aufgabenbereich der Behörde steht.[517] Wird nun die Anzeigepflicht als eine spezielle Pflicht im Bereich der Hoheitsverwaltung eingestuft, ist anzunehmen, dass die Erfüllung dieser Pflicht selbst auch eine hoheitliche Tätigkeit darstellt.[518] Der OGH wertet es als einen hoheitlichen Missbrauch der Befugnis, wenn Beamte ihrer Anzeigeverpflichtung nach baurechtlichen Verwaltungsvorschriften nicht nachkommen.[519] Wenn bereits die Unterlassung von verwaltungsrechtlichen Anzeigeverpflichtungen einen Amtsmissbrauch begründet, muss dies argumentum a minori ad maius auch für die strafprozessuale Anzeigeverpflichtung gelten.[520]

IdZ muss auch die Frage erörtert werden, ab wann bei den Unterlassungsvarianten des § 302 StGB die Handlungspflicht genau eintritt und im Ergebnis ein Missbrauch der Befugnis vorliegt.[521] Der Amtsmissbrauch ist nämlich mit dem Befugnismissbrauch (durch Unterlassen) vollendet.[522] Das ist dann der Fall, wenn unmittelbares Handeln notwendig ist sowie ein weiteres Zuwarten nicht mehr als vertretbar erscheint.[523] Durch die erste Kenntnisnahme eines Verdachts wird die Anzeigepflicht nach § 78 StPO nicht unmittelbar ausgelöst.[524] Beamte müssen deshalb eine entsprechende Vorprüfung des

---

[513] *Schmoller,* Anzeigepflicht und Amtsmissbrauch, 10.
[514] *Schmoller,* Anzeigepflicht und Amtsmissbrauch, 10.
[515] *Schmoller,* Anzeigepflicht und Amtsmissbrauch, 10.
[516] *Schwaighofer,* WK-StPO § 78 Rz 11.
[517] *Schmoller,* Anzeigepflicht und Amtsmissbrauch, 3.
[518] *Schmoller,* Anzeigepflicht und Amtsmissbrauch, 10.
[519] OGH 07.03.2016, 17 Os 32/15g; OGH 13.12.2015, 11 Os 13/05d; OGH 02.12.2012, 17 Os 8/12y; ebenso *Koller* in: Schmölzer/Mühlbacher, StPO § 78 Rz 16.
[520] *Schmoller,* Anzeigepflicht und Amtsmissbrauch, 10.
[521] *Schmoller,* Anzeigepflicht und Amtsmissbrauch, 11.
[522] *Nordmeyer,* in Höpfel/Ratz, WK-StGB² (2019), § 302 Rz 8.
[523] *Schmoller,* Anzeigepflicht und Amtsmissbrauch, 11.
[524] *Birklbauer,* RFG 2019, 34; *Schmoller,* Anzeigepflicht und Amtsmissbrauch, 11.

ersten Verdachts selbst vornehmen, damit sie diesen konkretisieren können.[525] Für dieses Vorhaben sind amtsinterne Ermittlungen durchzuführen, wobei zu berücksichtigen ist, dass Beamte bei gewöhnlichem Arbeitsanfall einzelne Aufgaben nur nacheinander abarbeiten können.[526] Je nach Umfang des zu beurteilenden Falles ist wohl eine angemessene Erledigungsfrist anzusetzen, beziffert mit ein bis zwei Wochen.[527] Die Gewährung einer Zeitspanne selbst ergibt sich aus § 78 Abs 2 Z 2 StPO, da bei den Ermittlungen, ob überhaupt eine Anzeigepflicht besteht, mögliche Strafaufhebungsgründe in zeitlicher Zukunft beachtet werden müssen.[528] Bevor die Ermittlungsfrist nach § 78 StPO nicht abgelaufen ist, kann konsequenterweise auch nicht von einem unvertretbaren Fehlverhalten nach § 302 StPO ausgegangen werden.[529] Wenn über ein rechtswidriges, unvertretbares Fehlverhalten entschieden wird, müssen bei einem Unterlassungsdelikt überdies immer Überlegungen zur Zumutbarkeit einer rechtmäßigen Handlung stattfinden, dies gilt auch bei Delikten außerhalb von § 2 StGB.[530] Ist der Beamte aufgrund einer starken Arbeitsbelastung oder durch andere Ursachen ausgelastet, kann es vorkommen, dass er seine Aufgaben nicht sorgfältig und vor allem nicht rechtzeitig erfüllen kann.[531] Daher ist es konsequent, dass sich die Ermittlungsfrist aufgrund der Arbeitsüberlastung des Beamten verhältnismäßig verlängert.[532]

IdZ muss auch die von der Rsp erschaffene Figur der rechtfertigenden Pflichtenkollision angesprochen werden.[533] Dieser Rechtfertigungsgrund ist auf denjenigen Beamten anwendbar, dem die Rechtsordnung zumindest zwei Rechtspflichten auferlegt, die Erfüllung der einen Pflicht aber automatisch zur Verletzung der anderen führt.[534] In dieser Situation ist eine Verletzung der geringwertigeren Pflicht gerechtfertigt, wenn dabei die höherwertige Pflicht erfüllt wurde.[535] Politische Entscheidungsträger (zB Bürgermeister) argumentieren bei Amtsmissbrauchsverfahren immer wieder mit der Figur der rechtfertigenden Pflichtenkollision, zumeist jedoch ohne Erfolg, da in der Kommunalverwaltung widerstreitende Rechtspflichten iSd rechtfertigenden

---

525 *Birklbauer,* RFG 2019, 34.
526 ErläutRV 924 BlgNR 18, GP, 20; *Schmoller,* Anzeigepflicht und Amtsmissbrauch, 11.
527 *Schmoller,* Anzeigepflicht und Amtsmissbrauch, 11.
528 *Schwaighofer*, WK-StPO § 78 Rz 18.
529 *Schmoller,* Anzeigepflicht und Amtsmissbrauch, 11.
530 *Jerabek/Ropper* in: WK-StGB² § 94 Rz 29; *Schmoller,* Anzeigepflicht und Amtsmissbrauch, 11.
531 *Schmoller,* Anzeigepflicht und Amtsmissbrauch, 11; *Aichinger*, in: Leukauf/Steininger, § 302 StGB, Rz 33.
532 *Schmoller,* Anzeigepflicht und Amtsmissbrauch, 11.
533 *Schmoller,* Anzeigepflicht und Amtsmissbrauch, 12.
534 OGH RIS-Justiz RS0089633; *Nordmeyer*, in Höpfel/Ratz, WK-StGB² (2019), § 302 Rz 187; *Marek/Jerabek*, Korruption und Amtsmissbrauch¹², § 302 Rz 57; *Zagler* in: Triffterer/Rosbaud/Hinterhofer, § 302 StGB Rz 137.
535 *Schmoller,* Anzeigepflicht und Amtsmissbrauch, 12.

Pflichtenkollision äußerst selten sind.[536] Als Beispiel dient folgender Sachverhalt: Ein Bürgermeister unterlässt unmittelbare Maßnahmen gegen einen bewilligungswidrigen Betrieb eines Lebensmittelgeschäftes, damit dem höherrangigen Interesse, dem Wohl der Gemeindebürger, entsprochen wird.[537] Der OGH verneinte in diesem Fall jedoch das Vorliegen einer rechtfertigenden Pflichtenkollision, da das reine Wohl der Gemeinde eine Nichtanwendung der Verwaltungsvorschriften nicht rechtfertigt.[538]

E. Erfordernisse auf der inneren Tatseite

1. Allgemeines

Um den Straftatbestand des Amtsmissbrauchs zu erfüllen, bedarf es zusätzlicher Voraussetzungen auf der inneren, subjektiven Tatseite des Beamten; § 302 StGB kann nur verwirklicht werden, wenn die notwendigen voluntativen Komponenten beim Täter selbst vorliegen (§ 7 Abs 1 StGB).[539] Diese subjektiven Erfordernisse schränken den Anwendungsbereich des Delikts ein und bilden gewissermaßen ein Gegengewicht zu den eher weit gefassten objektiven Tatbestandsvoraussetzungen.[540] Der einfache Tatvorsatz des Täters (§ 5 Abs 1 StGB) muss sich beim Amtsmissbrauch auf die Tatbestandsmerkmale der Beamtenstellung, auf das Handeln in Vollziehung der Gesetze und auf die Befugnis, Amtsgeschäfte vorzunehmen, erstrecken.[541] In Bezug auf den Befugnismissbrauch muss zudem die gesteigerte Vorsatzform der Wissentlichkeit (dolus principalis) erfüllt sein (§ 5 Abs 3 StGB). Schließlich muss der Täter mit dem erweiterten Vorsatz auf Schädigung von Rechten anderer agieren, wobei hier die einfache Vorsatzform ausreicht (dolus eventualis).[542] Alle Kriterien unterliegen hierbei freilich der freien richterlichen Beweiswürdigung und im Zweifel gilt „in dubio pro reo" (im Zweifel für den Angeklagten).[543]

2. Beamtenfunktion

[536] *Nordmeyer*, in Höpfel/Ratz, WK-StGB[2] (2019), § 302 Rz 188.
[537] *Bertel* in: Höpfel/Ratz, WK-StGB[2] (2010), § 302 Rz 88; *Marek/Jerabek*, Korruption und Amtsmissbrauch[12], § 302 Rz 58.
[538] OGH, 13.06.1990, 13 Os 5/90.
[539] *Zagler* in: Triffterer/Rosbaud/Hinterhofer, § 302 StGB Rz 105; vgl *Schmoller*, ÖJZ 1982, 259.
[540] *Marek/Jerabek*, Korruption und Amtsmissbrauch[12], § 302 Rz 41.
[541] *Hinterhofer/Rosbaud*, BT II[6], § 302 StGB Rz 46.
[542] *Hinterhofer/Rosbaud*, BT II[6], § 302 StGB Rz 47; *Kienapfel/Höpfel/Kert*, AT[15], Z 11 Rz 17; *Zagler* in: Triffterer/Rosbaud/Hinterhofer, § 302 StGB Rz 106.
[543] *Schmoller*, Anzeigepflicht und Amtsmissbrauch, 12; *Marek/Jerabek*, Korruption und Amtsmissbrauch[12], § 302 Rz 41.

Der Vorsatz muss beim Amtsmissbrauch ua auf das normative Tatbestandsmerkmal des Beamten gerichtet sein, der Täter muss also selbst Kenntnis vom Begriff des Beamten haben.[544] Es reicht aber bereits, wenn der Täter den sozialen Sinngehalt seiner Beamtenfunktion erkennt bzw sich laienhaft bewusst ist, dass er als Beamter mit entsprechender Verantwortung ausgestattet ist.[545] Abgrenzungsschwierigkeiten ergeben sich allenfalls bei Personen, die nur im Einzelfall in Beamtenfunktion auftreten können, wie es bspw bei beliehenen, privaten Unternehmungen (§ 57a KFG Überprüfungen) der Fall ist.[546] Bei den allgemeinen Vertretungsorganen der Gebietskörperschaften, wie beim Bürgermeister oder ähnlichen Organen (Beamte nach dem BDG), reicht idR die laienhafte Einschätzung ihrer rechtlichen Funktion als Beamter aus (Parallelwertung in der Laiensphäre).[547] Bei diesen Personen liegt der erforderliche Vorsatz meist in Form der Wissentlichkeit vor, da sie idR wissen, dass sie staatliche Verwaltungsaufgaben ausführen und entsprechende Amtsgeschäfte tätigen.[548]

3. Wissentlicher Befugnismissbrauch

Beim Beamten selbst muss die subjektive Gewissheit vorliegen, dass dieser seine Befugnis rechtlich unvertretbar und damit rechtswidrig einsetzt, dh er muss wissentlich nach § 5 Abs 3 StGB seine Befugnis missbrauchen, um den Tatbestand des Amtsmissbrauchs zu erfüllen.[549] Hält der Beamte sein Verhalten jedoch für rechtlich vertretbar oder ist er sich hinsichtlich seiner rechtlichen Beurteilung unsicher, scheitert der Amtsmissbrauch am Erfordernis des wissentlichen Befugnismissbrauchs; der Beamte agiert in diesem Fall nicht amtsmissbräuchlich, selbst dann nicht, wenn er den bedingten Vorsatz oder die Absicht auf dieses Handeln gerichtet und sich mit einer

---

544 *Nordmeyer*, in Höpfel/Ratz, WK-StGB² (2019), § 302 Rz 134; *Marek/Jerabek*, Korruption und Amtsmissbrauch¹², § 302 Rz 42.

545 *Hinterhofer/Rosbaud*, BT II⁶, § 302 StGB Rz 46; *Aichinger*, in: Leukauf/Steininger, § 302 StGB, Rz 35; *Schmitt*, in: Preuschl/Wess, § 302 StGB Rz 48; *Paulitsch/Koukol*, RFG 2018, 39.

546 OGH 17.12.2003, 13 Os 151/03; *Marek/Jerabek*, Korruption und Amtsmissbrauch¹², § 302 Rz 42; OGH 22.09.1994, 12 Os 111/94.

547 *Marek/Jerabek*, Korruption und Amtsmissbrauch¹², § 302 Rz 42; *Nordmeyer*, in Höpfel/Ratz, WK-StGB² (2019), § 302 Rz 134.

548 *Hinterhofer/Rosbaud*, BT II⁶, § 302 StGB Rz 46.

549 *Zagler* in: Triffterer/Rosbaud/Hinterhofer, § 302 StGB Rz 106; *Hinterhofer/Rosbaud*, BT II⁶, § 302 StGB Rz 45; *Kienapfel/Schmoller*, BT III², § 302 Rz 46; *Nordmeyer*, in Höpfel/Ratz, WK-StGB² (2019), § 302 Rz 134; *Bertel* in: Höpfel/Ratz, WK-StGB² (2010), § 302 Rz 82; *Bertel/Schwaighofer*, BT II¹³, § 302 Rz 23; OGH RIS-Justiz RS0096529; *Paulitsch/Koukol*, RFG 2018, 39; *Aichinger*, in: Leukauf/Steininger, § 302 StGB, Rz 34.

etwaigen Rechtswidrigkeit abgefunden hat.[550] Der bedingte Vorsatz nach § 5 Abs 1 StGB auf missbräuchliches Handeln reicht nicht aus, da es am notwendigen subjektiven Tatbestand der Wissentlichkeit fehlt.[551] Der Vorwurf, „der Beamte hätte wissen müssen", genügt für die Verwirklichung des Amtsmissbrauchs ebenfalls nicht; denn dieses Argument indiziert lediglich einen Fahrlässigkeitsvorwurf und erbringt keinen Nachweis über die Wissentlichkeit des Beamten über den Missbrauch der ihm zustehenden Befugnis.[552] Erteilt etwa der Bürgermeister einer Gemeinde entgegen den entsprechenden baurechtlichen Normen einen objektiv rechtswidrigen und unvertretbaren Baubewilligungsbescheid, macht er sich nach § 302 StGB nicht strafbar, wenn er subjektiv davon ausgeht, dass die anzuwendende Rechtsvorschrift diesen Verwaltungsakt zulasse.[553] In jenem Fall, in dem ein Bürgermeister keinen Abbruchbescheid für ein rechtswidrig errichtetes Bauwerk erlassen hat, weil der zuständige Fachjurist der Gemeinde dem Bürgermeister die Möglichkeit zusicherte, dass das Bauwerk nachträglich rechtlich einwandfrei zu bewilligen sei und der Bürgermeister sich im Strafverfahren dbzgl auf seine persönlich fehlenden baurechtlichen Kenntnisse stützte, stellte der OGH den Nachweis eines wissentlichen Befugnismissbrauchs als nicht erbracht fest.[554] In den soeben genannten Fällen handelt es sich um Irrtümer über den sozialen Bedeutungsgehalt des rechtmäßigen Gebrauchs der Befugnis (Tatbildirrtum).[555]

Diverse Sachverhalte lassen sich nun konstruieren, bei denen der betroffene Beamte über die Reichweite der Anzeigepflicht nach § 78 StPO irrt und deshalb der Amtsmissbrauch als strafrechtliche Konsequenz ausscheidet.[556] Nimmt bspw eine grundsätzlich anzeigepflichtige Person den Verdacht eines bestimmten strafbaren Verhaltens zur Kenntnis und irrt diese lediglich über den Vorsatz des mutmaßlichen Täters, liegt kein wissentlicher Befugnismissbrauch des Organs vor, da der Verdacht auf sämtliche objektive und subjektive Tatbestandsvoraussetzungen gerichtet sein muss.[557]

---

550 *Kienapfel/Schmoller*, BT III², § 302 Rz 46; *Bertel/Schwaighofer*, BT II¹³, § 302 Rz 23; *Hinterhofer/Rosbaud*, BT II⁶, § 302 StGB Rz 45a; *Zagler* in: Triffterer/Rosbaud/Hinterhofer, § 302 StGB Rz 106.

551 *Hinterhofer/Rosbaud*, BT II⁶, § 302 StGB Rz 45a; *Marek/Jerabek*, Korruption und Amtsmissbrauch¹², § 302 Rz 43.

552 *Marek/Jerabek*, Korruption und Amtsmissbrauch¹², § 302 Rz 44; *Hinterhofer/Rosbaud*, BT II⁶, § 302 StGB Rz 45a; *Bertel* in: Höpfel/Ratz, WK-StGB² (2010), § 302 Rz 85.

553 *Hinterhofer/Rosbaud*, BT II⁶, § 302 StGB Rz 45a; *Kienapfel/Schmoller*, BT III², § 302 Rz 46; OGH 09.12.1980, 10 Os 181/79.

554 OGH 07.03.2016, 17 Os 32/15g; *Marek/Jerabek*, Korruption und Amtsmissbrauch¹², § 302 Rz 44; *Nordmeyer*, in Höpfel/Ratz, WK-StGB² (2019), § 302 Rz 139.

555 *Nordmeyer*, in Höpfel/Ratz, WK-StGB² (2019), § 302 Rz 136; vgl *Zagler* in: Triffterer/Rosbaud/Hinterhofer, § 302 StGB Rz 108.

556 *Schmoller,* Anzeigepflicht und Amtsmissbrauch, 12.

557 *Schmoller,* Anzeigepflicht und Amtsmissbrauch, 12.

Ein wissentlicher Befugnismissbrauch aufgrund der Unterlassung der Anzeigepflicht nach § 78 StPO kann ebenso nicht vorliegen, wenn die verpflichtete Person annimmt, dass der mutmaßliche Täter, der eine gerichtlich strafbare Handlung begangen hat, durch einen Rechtfertigungs-, Entschuldigungs-, Strafausschließungs- oder durch einen Strafaufhebungsgrund nicht strafbar ist.[558] Irrt die anzeigeverpflichtete Person in einem konkreten Fall über die Ausnahmetatbestände nach § 78 Abs 2 StPO (Bedarf eines Vertrauensverhältnisses zur amtlichen Tätigkeit bzw Entfall der Strafbarkeit durch schadensbereinigende Maßnahmen), so liegt kein tatbestandlicher Befugnismissbrauch vor, da die erforderliche Wissentlichkeit dbzgl fehlt.[559] Einem weiteren Irrtum könnte der Anzeigeverpflichtete unterliegen, falls dieser glaubt, dass eine weitergehende interne Aufklärung rechtlich in Ordnung sei oder wenn er irrtümlich davon ausgeht, dass andere Verwaltungsaufgaben eine zeitlich höhere Priorität haben als die Erstattung einer Anzeige an die Kriminalpolizei oder Staatsanwaltschaft. In all diesen Varianten fehlt es am zwingenden Erfordernis des wissentlichen Befugnismissbrauchs.[560] Eine Anzeigeunterlassung aufgrund einer extensiven Arbeitsüberlastung oder durch persönlichkeitsbezogene psychische oder physische Beeinträchtigungen kann ebenfalls einen wissentlichen Befugnismissbrauch ausschließen.[561]

Prinzipiell muss jeder Fall einer individuellen Prüfung zugeführt werden, der Tatvorsatz obliegt zudem der freien richterlichen Beweiswürdigung.[562] Ein Schöffensenat bejahte bspw einen wissentlichen Befugnismissbrauch, indem die Wissentlichkeit anhand der Intellektualität des Täters und als „einzig logischer Schluss" aufgrund der allgemeinen Lebenserfahrung abgeleitet wurde.[563] Wird ein Verhalten beurteilt mit dem Ergebnis, dass aus dieser Handlung die Vorsatzform des Wollens oder des Wissens abzuleiten ist, ist dies für den OGH im Grundsatz rechtsstaatlich vertretbar.[564]

4. Rechtsschädigungsvorsatz

Der wissentliche Befugnismissbrauch reicht zur Vollendung des Delikts nicht aus, hinzu kommt das erweiterte Vorsatzerfordernis des Täters auf Schädigung von Rechten

---

558 *Nordmeyer*, in Höpfel/Ratz, WK-StGB² (2019), § 302 Rz 136; *Schmoller*, Anzeigepflicht und Amtsmissbrauch, 12.

559 *Schmoller*, Anzeigepflicht und Amtsmissbrauch, 12.

560 *Schmoller*, Anzeigepflicht und Amtsmissbrauch, 12; vgl *Stricker* in: Lewisch, Missbrauch der Amtsgewalt, Seite 110.

561 Vgl *Marek/Jerabek*, Korruption und Amtsmissbrauch¹², § 302 Rz 45; *Nordmeyer*, in Höpfel/Ratz, WK-StGB² (2019), § 302 Rz 137; OGH RIS-Justiz RS0096411.

562 *Marek/Jerabek*, Korruption und Amtsmissbrauch¹², § 302 Rz 45.

563 OGH 11.08.2014, 17 Os 24/14d; *Marek/Jerabek*, Korruption und Amtsmissbrauch¹², § 302 Rz 44.

564 OGH RIS-Justiz RS0116882; OGH 06.06.2016, 17 Os 6/46k.

anderer, das gleichzeitig als Einschränkung der Strafbarkeit fungiert.[565] Dieser Vorsatz kann sich auf die Schädigung von Rechten (arg Rechte anderer) einer natürlichen Person oder einer juristischen Person (insb Rechte von Bund, Land und Gemeinden) beziehen.[566] Der Täter muss es im Zeitpunkt seines wissentlichen Befugnismissbrauchs zumindest ernstlich für möglich halten und sich damit abfinden (es reicht dolus eventualis nach § 5 Abs 1 letzter HS StGB aus), dass sich sein Handeln nachteilig auf die Rechte eines anderen auswirkt.[567] Fehlt dieser Vorsatz, kann kein Amtsmissbrauch begründet werden.[568] Handelt der Täter in Bezug auf die Rechtsschädigung wissentlich oder sogar absichtlich, ist das Vorsatzerfordernis in jedem Fall erfüllt.[569] Der Staat hat das Recht, dass seine Gesetze eingehalten werden, aber nicht jede Zuwiderhandlung gegen eine Vorschrift stellt bereits einen Schaden dar, deshalb unterscheidet die Rsp und ein Teil der Lehre zwischen abstrakten und konkreten Rechten, wobei nur ein Vorsatz auf die Schädigung von konkreten Rechten tatbestandsmäßig sein kann.[570] Die Abgrenzung zwischen diesen Rechten erscheint jedoch schwierig, da jede abstrakte Rechtsverletzung so interpretiert werden kann, dass daraus abgeleitet immer eine konkrete Rechtsverletzung resultiert.[571] Andere Auffassungen im Schrifttum nehmen eine Rechtsschädigung (mit Bezugnahme auf konkrete Rechte) nur dann an, wenn die Verletzung der Norm gerade den Sinn und Zweck dieser Vorschrift vereitelt.[572] Aber auch diese Ansicht hat ihre Tücken, da bei entsprechender Auslegung bei jeder Gesetzesverletzung der Sinn und Zweck der jeweiligen Norm vereitelt wird (der Gesetzgeber erlässt keine Vorschrift ohne klaren Sinn und Zweck).[573]

In jüngerer Zeit ist erkennbar, dass die Rechtsprechung bestrebt ist den Rechtsschädigungsvorsatz klarer zu definieren.[574] Ein konkretes staatliches Recht sei demnach nur dann beeinträchtigt, wenn mit der Norm nicht nur deren Einhaltung bezweckt wird, sondern darüber hinaus noch ein Recht geschützt werden soll bzw die

---

[565] *Kienapfel/Schmoller*, BT III², § 302 Rz 49; *Schallmoser*, RZ 2016, 210.

[566] *Hinterhofer/Rosbaud*, BT II⁶, § 302 StGB Rz 48; *Schallmoser*, RZ 2016, 210; *Nordmeyer*, in Höpfel/Ratz, WK-StGB² (2019), § 302 Rz 150; *Kienapfel/Schmoller*, BT III², § 302 Rz 53.

[567] *Öner*, JAP 2017/2018, 78; *Bertel/Schwaighofer*, BT II¹³, § 302 Rz 24; *Paulitsch/Koukol*, RFG 2018, 40.

[568] *Bertel/Schwaighofer*, BT II¹³, § 302 Rz 24.

[569] *Nordmeyer*, in Höpfel/Ratz, WK-StGB² (2019), § 302 Rz 140.

[570] *Schallmoser*, RZ 2016, 210; *Hinterhofer/Rosbaud*, BT II⁶, § 302 StGB Rz 49; *Marek/Jerabek*, Korruption und Amtsmissbrauch¹², § 302 Rz 51; OGH 15.12.2011, 13 Os 103/11p; OGH 07.10.2013, 17 Os 9/13x; *Schmitt*, in: Preuschl/Wess, § 302 StGB Rz 45; *Bertel* in: Höpfel/Ratz, WK-StGB² (2010), § 302 Rz 90, 92.

[571] *Kienapfel/Schmoller*, BT III², § 302 Rz 58; *Nordmeyer*, in Höpfel/Ratz, WK-StGB² (2019), § 302 Rz 149.

[572] *Aichinger*, in: Leukauf/Steininger, § 302 StGB, Rz 37; *Zagler* in:Triffterer/Rosbaud/Hinterhofer, § 302 StGB Rz 116.

[573] *Kienapfel/Schmoller*, BT III², § 302 Rz 59; *Bertel* in: Höpfel/Ratz, WK-StGB² (2010), § 302 Rz 93.

[574] *Stricker* in: Lewisch, Missbrauch der Amtsgewalt, Seite 113; *Schallmoser*, RZ 2016, 210.

Verwirklichung der verletzten Norm im öffentlichen Interesse liegt.[575] Als Abgrenzungsbeispiel wird der Bürgermeister genannt, der einen Baubeginn gleich nach dem Erlass des Baubescheids zulässt, weil er auf die baldige Rechtskraft des Bescheids vertraut. In diesem Fall handelt der Bürgermeister ohne Rechtsschädigungsvorsatz.[576] Liegt aber im selben Fall nach der Erteilung des Baubescheids ein rechtswidriger Zustand vor, da die Flächenumwidmung noch nicht rechtskräftig genehmigt ist, handelt der Bürgermeister nur dann ohne Vorsatz auf Schädigung staatlicher Rechte, wenn er tatsächlich darauf vertraut, dass die Genehmigung des geänderten Flächenwidmungsplanes noch vor der tatsächlichen Bauführung erfolgen wird.[577] Das bloße Vertrauen auf einen baldigen rechtskonformen Zustand der Flächenwidmung nach Beginn der Bauführung reicht nicht aus und bedeutet vollendeten Amtsmissbrauch, sofern alle übrigen Tatbestandsmerkmale erfüllt sind.[578] Wenn also ein Beamter wissentlich Hoheitsrechte missbraucht, handelt er idR auch mit dem bedingten Vorsatz das entsprechende Hoheitsrecht zu schädigen, außer der Befugnismissbrauch beschränkt sich tatsächlich nur auf formale Merkmale, wobei der hoheitliche Gesetzeszweck an sich gewahrt bleibt.[579]

Die Anzeigepflicht nach § 78 StPO beinhaltet als hoheitlichen Gesetzeszweck die Strafverfolgung, also das Recht des Staates auf Verfolgung von gerichtlich mit Strafe bedrohten Handlungen.[580] Da bei einer unterlassenen Anzeige der Staat in jedem Fall in seinem Recht auf Strafverfolgung geschädigt wird, also der Sinn und Zweck der Norm an sich vereitelt wird, bewirkt der erforderliche Rechtsschädigungsvorsatz in den hier relevanten Konstellationen wohl keine Einschränkungswirkung hinsichtlich der Strafbarkeit des Beamten. Ein wissentlicher Befugnismissbrauch ohne gleichzeitigem Rechtsschädigungsvorsatz ist bei einer (vorsätzlich) unterlassenen Anzeige nach § 78 StPO sohin nur schwer vorstellbar.[581]

F. Diversion nach unterlassener Anzeige gemäß § 78 StPO?

Anstelle einer Verurteilung des Beschuldigten durch das Strafgericht gibt es die alternative Möglichkeit, ein eingeleitetes Strafverfahren ohne einen Schuldspruch und

575 *Schallmoser*, RZ 2016, 211, 216; *Marek/Jerabek*, Korruption und Amtsmissbrauch[12], § 302 Rz 50.
576 *Kienapfel/Schmoller*, BT III[2], § 302 Rz 64; *Bertel* in: Höpfel/Ratz, WK-StGB[2] (2010), § 302 Rz 104.
577 *Hinterhofer/Rosbaud*, BT II[6], § 302 StGB Rz 53.
578 *Hinterhofer/Rosbaud*, BT II[6], § 302 StGB Rz 53; *Ratz*, EvBl 2016/28, 183; *Nordmeyer*, in Höpfel/Ratz, WK-StGB[2] (2019), § 302 Rz 136; OGH 14.9.2015, 17 Os 11/15v; aM bloßes Vertrauen reiche aus: *Kienapfel/Schmoller*, BT III[2], § 302 Rz 64; *Bertel* in: Höpfel/Ratz, WK- StGB[2] (2010), § 302 Rz 106; *Zagler* in:Triffterer/Rosbaud/Hinterhofer, § 302 StGB Rz 111.
579 *Schmoller,* Anzeigepflicht und Amtsmissbrauch, 13.
580 *Hinterhofer/Oshidari,* Strafverfahren, Rz 1.5; *Schmoller,* Anzeigepflicht und Amtsmissbrauch, 13.
581 *Schmoller,* Anzeigepflicht und Amtsmissbrauch, 13.

ohne einer förmlichen Sanktionierung in Form der Diversion zu beenden.[582] Die StPO sieht als mögliche Diversionsmaßnahmen die schlichte Zahlung eines Geldbetrags, gemeinnützige Leistungen, eine Probezeit (ua mit Beigabe eines Bewährungshelfers) oder einen Tatausgleich vor.[583] Als Grundvoraussetzung muss der dem Verfahren zugrunde liegende Sachverhalt ausreichend geklärt sein, zudem muss eine hohe Verurteilungswahrscheinlichkeit vorliegen (ein Geständnis ist dazu jedoch nicht erforderlich) und das Fehlen von präventiven Bedenken, dass es keiner Bestrafung durch einen Schuldspruch bedarf, muss festgestellt werden.[584] Mit dem StPRÄG 2015 wurde der Anwendungsbereich neu definiert: Nunmehr können Strafverfahren dann diversionell erledigt werden, wenn die konkret angelastete Straftat mit nicht mehr als fünf Jahren Freiheitsstrafe bedroht ist, weshalb nun auch schöffengerichtliche Verfahren, in denen auch die Amtsmissbrauchsverfahren abzuhandeln sind, diversionell beendet werden können.[585] Als Anwendungsvoraussetzung muss der Beschuldigte dem Diversionsangebot der Staatsanwaltschaft oder des Gerichts ausdrücklich und freiwillig zustimmen.[586] Das Angebot zur diversionellen Erledigung darf jedoch nur dann gestellt werden, wenn die Schuld des Beschuldigten als nicht schwer einzustufen ist (§ 198 Abs 2 Z 2 StPO).[587] Im Falle von § 302 StGB müssen dabei jedoch besondere unrechts- oder schuldmindernde Umstände vorliegen, da der Amtsmissbrauch ein Verbrechen darstellt, das aufgrund der hohen Strafdrohung an der oberen Zulässigkeitsgrenze für ein Diversionsangebot steht.[588] Bspw sah der OGH derartig mildernde Umstände darin, dass der Beschuldigte auf Weisung des Vorgesetzten oder aufgrund eines besonderen Arbeitsdrucks handelte.[589]

Im Sonderfall des Amtsmissbrauchs verlangt § 198 Abs 3 StPO zusätzlich eine Folgenabwägung, ob der mutmaßliche Täter *„durch die Tat keine oder eine bloß geringfügige oder sonst unbedeutende Schädigung an Rechten herbeigeführt hat..."*.[590] Nach dem Bericht des Justizausschusses zum StPRÄG 2013 ist eine geringfügige Schädigung nur dann anzunehmen, wenn die Verletzung des Rechts nicht „das Ansehen

[582] *Hinterhofer/Oshidari,* Strafverfahren, Rz 7.927; *Paulitsch/Koukol,* RFG 2018, 59; *Bertel/Venier/Tipold,* Strafprozessrecht[13], 294.
[583] *Seiler,* StPO[18], Rz 686; *Hinterhofer/Oshidari,* Strafverfahren, Rz 7.932.
[584] *Schroll/Kert*, in: Fuchs/Ratz, § 198 StGB Rz 3-4, 36; *Kienapfel/Höpfel/Kert*, AT[15], E 10 Rz 28; *Hinterhofer/Oshidari,* Strafverfahren, Rz 7.935 – 7.937; *Bertel/Venier/Tipold,* Strafprozessrecht[13], 295.
[585] *Schroll/Kert*, in: Fuchs/Ratz, § 198 StGB Rz 6, 6/4; ErläutRV 689 BlgNR 25, GP 3; *Schmitt*, in: Preuschl/Wess, § 302 StGB Rz 70.
[586] *Schroll/Kert*, in: Fuchs/Ratz, § 198 StGB Rz 10; *Hinterhofer/Oshidari,* Strafverfahren, Rz 7.954; *Seiler,* StPO[18], Rz 695.
[587] *Hinterhofer/Oshidari,* Strafverfahren, Rz 7.944; *Schroll/Kert*, in: Fuchs/Ratz, § 198 StGB Rz 13.
[588] *Oshidari*, JSt 2015, 112.
[589] OGH 06.03.2014, 17 Os 30/13k; OGH 06.03.2014, 17 Os 25/13z; ebenso *Oshidari*, JSt 2015, 112.
[590] *Oshidari*, JSt 2015, 112; OGH RIS-Justiz RS0124801; *Hinterhofer/Oshidari,* Strafverfahren, Rz 7.941; *Paulitsch/Koukol*, RFG 2018, 60; *Seiler,* StPO[18], Rz 689.

der öffentlichen Verwaltung oder Rechtsprechung in größerem Umfang beeinträchtigt hat".[591] Zwei Fälle aus der Rsp können zur Abgrenzung dieser Folgenabwägung beitragen: Eine unrichtige, öffentliche Melderegistereintragung durch eine Beamtin erschüttert nachhaltig das Vertrauen sämtlicher Nutzer in die Richtigkeit der Datenbank; diese Handlung ist idR einer Erledigungsform mittels Diversion nicht zugänglich.[592] Wird aber bloß eine missbräuchliche Datenabfrage durch die Beamtin durchgeführt, könnte laut OGH das Amtsmissbrauchsverfahren ohne Schuldspruch diversionell erledigt werden.[593] Ein Schaden iSd § 198 Abs 3 StPO kann auch an Rechten, wie bspw am staatlichen Strafverfolgungsrecht, herbeigeführt werden.[594] Die Anzeigepflicht nach § 78 StPO dient ausschließlich dazu, das staatliche Strafverfolgungsinteresse erfolgreich durchzusetzen.[595] Gerade durch die Unterlassung der Strafanzeige einer Behörde oder einer öffentlichen Dienststelle wird der Sinn und Zweck der Bestimmung bereits an sich vereitelt, sodass meiner Meinung nach bei einer unterlassenen Anzeige nicht nur von einer geringfügigen oder unbedeutenden Schädigung eines öffentlichen Rechts gesprochen werden kann.

Als Ergebnis lässt sich mE deshalb festhalten, dass ein Amtsmissbrauchsverfahren aufgrund einer unterlassenen Anzeige nach § 78 StPO wohl nur in seltenen Ausnahmefällen einer diversionellen Erledigungsform zugänglich ist.

---

591 *Oshidari*, JSt 2015, 112; JAB 2457 BlgStenProtNR 24, GP 4.

592 *Hinterhofer/Oshidari*, Strafverfahren, Rz 7.941; *Schmitt*, in: Preuschl/Wess, § 302 StGB Rz 70; OGH 24.11.2014, 17 Os 35/14x; OGH 13.10.2015, 17 Os 34/14z.

593 OGH 13.10.2015, 17 Os 34/14z; ebenso *Hinterhofer/Oshidari*, Strafverfahren, Rz 7.941.

594 *Oshidari*, JSt 2015, 112; vgl OGH 13.10.2014, 17 Os 34/14z; *Schroll/Kert*, in: Fuchs/Ratz, § 198 StPO Rz 6, 6/5.

595 *Schwaighofer*, WK-StPO § 78 Rz 1.

V. Zusammenfassung

Die Untersuchung legt dar, dass die geltende Anzeigeverpflichtung für Behörden und öffentliche Dienststellen nach § 78 StPO restriktiv ausgelegt werden muss. Im Unterschied zu Anzeige- und Meldepflichten nach diversen Dienstrechtsgesetzen oder internen Dienstvorschriften kann die Anzeigepflicht gemäß § 78 StPO ausschließlich im gesetzmäßigen (hoheitlichen) Wirkungsbereich einer Behörde oder öffentlichen Dienststelle begründet werden. Das gesamte Spektrum der Privatwirtschaftsverwaltung fällt daher aus dem Anwendungsbereich der Norm. Die Pflicht zur Anzeigeerstattung an die Kriminalpolizei oder Staatsanwaltschaft tritt nur dann ein, wenn sich der Verdacht einer Straftat innerhalb der durch die Organisationsgesetze vorgegebenen verwaltungsrechtlichen, hoheitlichen Vollzugsbereiche der jeweiligen Behörde oder öffentlichen Dienststelle ergibt.

Eine restriktive Anwendung der strafprozessualen Amtsanzeige erfordert nach hM spezielle Anforderungen zum (begründeten) Verdacht. Eingeschränkt wird die Anzeigepflicht auch durch die normierten Ausnahmetatbestände. Für Bedienstete bzw Beamte in der Kommunalverwaltung sind hier insbesondere schadensbereinigende Maßnahmen durch den mutmaßlichen Täter nach § 78 Abs 2 Z 2 StPO von Relevanz.

Sind die Voraussetzungen der Anzeigepflicht nach § 78 Abs 1 StPO erfüllt und wird in der Folge die Anzeige an die Kriminalpolizei bzw an die Staatsanwaltschaft unterlassen, ist nicht schon darüber entschieden, ob das jeweilige zur Anzeige verpflichtete Organ sich demnach des Verbrechens des Amtsmissbrauchs nach § 302 StGB strafbar gemacht hat. Dies erfordert stets eine Untersuchung des konkreten Sachverhalts anhand der Missbrauchsbestimmung selbst.

Von besonderer Bedeutung ist dabei die Frage, ob der Beamte durch die Unterlassung der Anzeige seine Befugnis, Amtsgeschäfte vorzunehmen, wissentlich missbraucht hat. Sieht der potentiell anzeigepflichtige Beamte deshalb von einer Anzeige ab, weil er aufgrund seiner Überlegungen, die auch in Teilen der Literatur Deckung finden, von einer nicht vorliegenden Anzeigeverpflichtung ausgeht, kann er keinen wissentlichen Befugnismissbrauch begehen, da der Beamte keine unvertretbare Rechtsansicht an den Tag legt.

Sind aufgrund der Unterlassung der Anzeige gemäß § 78 StPO auch die Voraussetzungen des Amtsmissbrauchs nach § 302 StGB erfüllt, wird das Strafverfahren einer diversionellen Erledigungsform nur schwer zugänglich sein, da bei einer unterlassenen Anzeige nur selten von einer geringfügigen oder unbedeutenden Schädigung eines öffentlichen Rechts gesprochen werden kann.

Kolibri 360 GmbH
Ferdinand-Jühlke-Straße 7
99095 Erfurt, Deutschland
produktsicherheit@kolibri360.de

Druck:
CPI Druckdienstleistungen GmbH
im Auftrag der
Kolibri 360 GmbH
Ferdinand-Jühlke-Str. 7
99095 Erfurt